把生活过得有仪式感

陈韵棋　代　畅◇主编

華中科技大學出版社
http://www.hustp.com
中国·武汉

图书在版编目(CIP)数据

把生活过得有仪式感/陈韵棋，代畅主编. —武汉:华中科技大学出版社,2021.1
ISBN 978-7-5680-3831-7

Ⅰ. ①把… Ⅱ. ①陈… ②代… Ⅲ. ①生活方式-通俗读物
Ⅳ. ①C913.3-49

中国版本图书馆 CIP 数据核字(2020)第 227396 号

把生活过得有仪式感
Ba Shenghuo Guo de You Yishigan

陈韵棋 代畅 主编

策划编辑: 沈 柳
责任编辑: 康 艳
封面设计: 琥珀视觉
责任校对: 李 琴
责任监印: 朱 玢
出版发行: 华中科技大学出版社(中国·武汉) 电话:(027)81321913
武汉市东湖新技术开发区华工科技园 邮编: 430223
录 排: 武汉蓝色匠心图文设计有限公司
印 刷: 湖北新华印务有限公司
开 本: 710mm×1000mm 1/16
印 张: 16.25
字 数: 271 千字
版 次: 2021 年 1 月第 1 版第 1 次印刷
定 价: 48.00 元

本书若有印装质量问题,请向出版社营销中心调换
全国免费服务热线: 400-6679-118 竭诚为您服务

序言

不知道从什么时候开始，我们对爱人没了心动的感觉，对孩子少了温柔和耐心，对工作少了激情，对朋友少了敞开心扉的欲望……

其实，让我们绝望和无助的原因，正是因为我们的生活少了仪式感。

第一章　婚姻与家庭:做一个有爱的人

宫崎骏说:“爱，不是寻找一个完美的人，而是学会用完美的眼光欣赏那个不完美的人。”对于夫妻来说，最好的相处方式莫过于你欣赏我的不同，我也接纳你的不完美，而不是试图去改变对方。婚恋幸福力教练来永旭带大家一起修炼人人都需要的四种爱的能力，提高家庭幸福指数。

对于很多新手爸妈来说，最开心又最痛苦的事情莫过于面对刚出生的宝宝。有着 10 年母婴关系讲师经验的徐芳，通过识别婴儿的语言密码，帮助新手父母读懂宝宝。做用心的父母，更好地养育宝宝。

每一对父母都期待孩子在成才的路上越走越远。如何正确培育孩子，成为家长所面临的一大难题。正面管教家长认证讲师刘美慧，帮助家长通过使用小工具来提升孩子的专注力和制订学习计划，找到让孩子受益一生的家庭教育方式。

一个人的成长轨迹，是一个不断成熟发展的过程。伴随职场的发展、孩子的出生，职场人士获得了新的身份——“职场父母”。国家认证生涯规划师姚赞荣帮助读者找到幸福人生支持系统，以把握好平衡的节奏，让家庭幸福美满。

在孩子成长的过程中，父母的陪伴是非常重要的，而陪伴的方式更为重要。冕宁小叮当童真幼儿园园长杨镇瑜发现，培养孩子表达力、创造力、专注力、逻辑力的亲子活动设计的过程，就是把知识的养分转化后传递给孩子的过程，也是最好的陪伴孩子成长的过程。

人生更像一场马拉松，对于孩子来说，真正的起跑线到底在哪里呢？答案是——在父母这里。懂孩子的父母，将是孩子赢在起跑线的重要因素。国家因材施教指导师妍妍，帮助家长把 DISC 与因材施教相结合，为孩子的天赋插上梦想的翅膀，支持孩子成为独一无二的自己。

第二章　口才与表达：做一个会说话的人

很多人都害怕进行公众演讲，其实，公众演讲是一种可以通过学习和练习来获得的能力。Toastmasters 国际演讲俱乐部成员毛辰琛倡导：想要成为一个优秀的公众演讲者，就从一个 5～7 分钟的演讲开始。只要敢于表现，自信表达，每个人都可以成为公众焦点。

自信源自丰盈的内在。95 后 PCC 专业教练黄雨婷善于让每一次对话都充满能量，带着以成果为导向的思维，在恰当的时刻说恰当的话，让语言成为彼此的动力，让表达者和聆听者都能从语言中获得能量，成为更好的自己。

我们在生活中所遇到的大部分互动沟通，表达的都是最简单的“我想要”。个人成长教练赵晓莲认识到，运用 DISC 和教练思维，每一场谈判都可以做到胸有成竹，每一场谈判都是一个美妙的过程。

这是一个演说 + 的时代，一个人人都应成为演讲家的时代。沟通表达力训练专家陈琰帮助读者通过声音深入人心，打造每个人专属的口才影响力，让这个世界听到你的声音。

第三章　情绪与自我：做一个充满正能量的人

情绪本身并无好坏、对错之分，它拥有神奇的力量。在各种人际关系中，保持情绪健康非常重要。如何把控情绪，是人生的一大课题。心理咨询师黄欣带读者一起修己安人，让情绪成为动力。

对于大部分读者来说，改变是一个极为艰难的过程，往往进两步，退一步。鼓励咨询师李君，用自己的真实案例分享从沮丧到充满力量的四步骤，帮助读者不断超越自己。

遭遇各种不如意时，如何正确处理负面情绪？心理咨询师唐诗吟认为，任何情绪背后都有着更深的情感需求，觉察情绪是与情绪和谐相处的第一步，运用 DISC 可以实现身心平衡和内心成长。

村上春树说：“在跑步中，如果有什么必须战胜的对手，那就是过去的自己。”专业跑步教练丁妍汐认为，坚持参加马拉松的理由，是因为每一次奔跑都是一段刻骨铭心的旅程，是在和自己的内心对话。

第四章　职场与提升：做一个有竞争力的人

俞敏洪说："我们每一个人，都应该像树一样成长，即使我们现在什么都不是，但是只要你有树的种子，即使你被踩到泥土中间，你依然能够吸收泥土的养分，自己成长起来。"

世界500强高管卢山运用DISC、UFO、RACI、TREE这4个工具，助力职场新人一路向上，不断精进。

有效激励可以让员工更有工作动力，持续产生更高的工作绩效。互联网科技公司高管洪小加认为，针对不同的员工使用不同的激励方法，可以帮助各类员工成就闪亮的自我。

对于内容创作者来说，微博依旧是一个打造自媒体的优选平台。互联网运营专家白雪鼓励读者要有"凡事必有四种解决方案"的信心，激活微博，塑造个人品牌。

第五章　销售与客户：做一个能打动别人的人

卡耐基说："人性的弱点之一就是喜欢别人赞美。"赞美也是销售技巧当中较为重要的一项技能。国际埃里克森教练学院认证教练邱俊钿，用教练方法帮助顾客探索自我需求，用心赞美顾客，让顾客感受到真诚，把愿景卖进客户心里。

销售技巧是可以通过学习专业知识、积累实践经验获得的。说服力销售培训师唐子穆帮助读者围绕"望、问、闻、切"四个关键环节，挖掘客户痛点，成为一个有说服力的销售高手。

在银行业服务管理一线摸爬滚打多年的客户服务和团队管理专家王晖认为，客户真正关心的不是事情本身，而是我们选择的回应以及所做的努力。只有竭尽全力为客户服务，给客户提供良好的体验，才能彻底赢得客户。

销售不只是简单的卖东西，更是了解和激发人类天性的过程，它以打动并影响他人的说服力为基础。私人财富管理师谢菁分享如何通过对微信朋友圈的客户信息进行收集、梳理和分析，借助DISC，成为销售冠军。

第六章　生活与美学：做一个活得漂亮的人

在充满个性的年代，人们佩戴的首饰具有差异化、个性化、订制化的特点。珠宝专家杜娟娟分享如何通过别人佩戴的珠宝首饰，读懂对方，调适自己，切换自己的行为模式，用对方更愿意接受的方式与其交流，获得良好的沟通效果。

效能教练学院合伙人阳菌，分享如何成功策划、组织、安排职场聚餐，帮助读者在细节之处绽放个人魅力。

人的生活离不开色彩，每一次对色彩的选择，都是自我的表达。高级形象管理师李沐秭分享如何通过识别色彩的密码，运用 DISC 和色彩的力量迅速收获良好的人际关系。

减肥、健身、塑形，俨然已经成为潮流，代表一种积极向上的生活方式。减肥达人李婕用亲身经历告诉读者，减肥，其实不是减重量，而是减念想；减肥过程中，需要战胜是自己。

《小王子》中，狐狸想让小王子驯服它，它希望每次见面都在同一时间，这样才有仪式感。小王子问："什么是仪式感呢？"狐狸说："这是使某一天与其他日子不同，使某一时刻与其他时刻不同。"

是的，生活本来就不易。我们不知道什么时候会有狂风暴雨，什么时候会烈日当头，但只要我们能让某一天与其他日子不同，让某一时刻与其他时刻不同，终将体会到生活的美好。正如狐狸说：只有用心灵去看才能看得清，肉眼看不见本质的东西。

最后，感谢 DISC 双证班第 64 期毕业生黄沛为本书提供设计；感谢 DISC 双证班第 77 期毕业生代畅为本书润色文字；感谢 DISC 双证班第 78 期毕业生谢晓慧为本书提供插画配图；感谢华中科技大学出版社，在新冠肺炎疫情期间坚守奋战，让我们这本书得以尽早和大家见面。最后，特别感谢李海峰老师，坚持为毕业生打造平台，让每个人都有机会成为最闪亮的自己。

陈韵棋

DISC＋社群联合创始人

2020 年 10 月 12 日于广州

目录 contents

DISC 理论

本书的理论依据来自于美国心理学家威廉·莫尔顿·马斯顿博士的著作 *The Emotions of Normal People*，书中提出：情绪是由代表运动神经本性和运动神经刺激的两种精神粒子传出冲动组成的。这两种精神粒子的能量通过联合或对抗形成四个节点，分别是 D、I、S、C。每个节点代表情绪意识的一个特质。

经过 90 年的发展，马斯顿博士提出的 DISC 理论在内涵和外延上都发生了巨大的变化，DISC 几乎成为全世界共同的语言。利用 DISC 行为分析方法，可以了解个体的心理特征、行为风格、沟通方式、激励因素、优势与局限性、潜在能力等，也可以广泛应用于现代企业对于人才的选、用、育、留。

DISC 给我们提供了两个非常好的维度：第一个维度是关注人/事，第二个维度是直接/间接（或行动快/慢）。根据这两个维度，我们把人的行为风格分为 D、I、S、C 4 种特质。关注事而且直接的是 D 特质，关注人而且直接的是 I 特质，关注人而且间接的是 S 特质，关注事而且间接的是 C 特质。

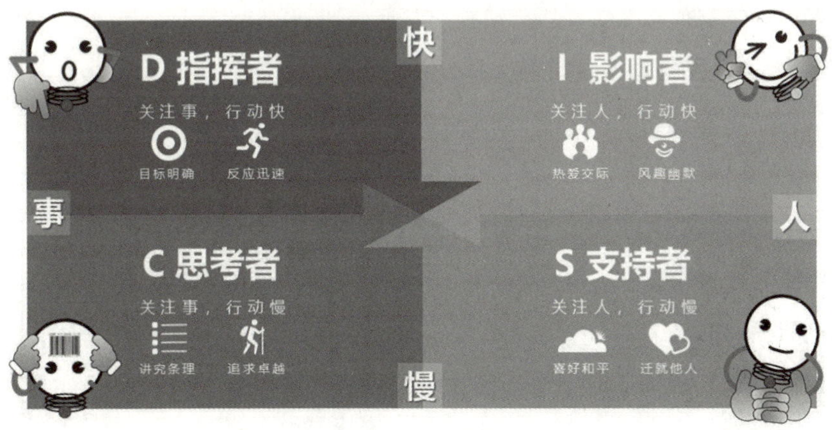

D：支配/指挥者

D——Dominance。英文本义是支配，代表直接、控制与独断。与 D 相关联的英文单词，可以补充说明其特质的有：

- Dynamic（精力充沛的）
- Driving（强推动性的）
- Dictator（发号施令者）
- Demanding（苛求的）
- Determined（坚决的）
- Decisive（果断的）
- Dogmatic（自以为是的）
- Defiant（反抗的）

动力：实际成果。

目标明确，结果导向，好胜心比较强，在他们的字典里没有“困难”这两个字，他们会在逆境中努力完成目标。

面对压力时可能会：没耐心、发脾气。

情绪容易波动，脾气比较火爆，说话直来直去，不会用委婉的方式去表达，也不会在乎对方的感受。

希望别人：回答直接，掌握状况。

关注重点，希望能掌控一切，如果对方啰啰唆唆地讲很多细节，会显得不耐烦，并且打断对方。

害怕：失去掌控。

直接、独断，更喜欢发出指令和命令。

声音：有力量。

语速比较快，语气坚定，音量非常大，语调具有挑战性。

外表：权威。

穿西装、打领带，显示出权威范儿；穿行动更敏捷的便鞋；时间观念强，喜欢戴大手表，不太关注头发等细节。

决策：“准备……开火……瞄准！”

I：影响/社交者

I——Influence。英文本义为影响，代表着爽朗、友善、外向、激动与热情。与I相关联的英文单词，可以补充说明其特质的有：

- Inspirational（鼓舞人心的）
- Inducing（引诱的）
- Impressive（印象深刻的）
- Interactive（互动的）
- Interesting（有趣的）
- Interested（感兴趣的）
- Impressionable（易受影响的）
- Inconsistent（反复无常的）

动力：团队认同。

喜欢群居，有纯熟的社交技巧以及天生强大的沟通能力，需要被肯定。

面对压力时可能会：轻率、情绪化。

思维敏捷，点子很多，说服力很强，总是保持快节奏，凭直觉办事，不太顾及细节；易冲动、心直口快，偶尔显得情绪化，但情绪来得快去得也快。

声音：有力量。

未见其人，先闻其声。语调比较高，配合丰富的肢体语言。

外表：新奇。

喜欢色彩鲜艳的衣服、繁杂的小饰物、独特的发型。

希望别人：优先考虑，给予声望。

害怕：失去认同。

决策：“准备……瞄准……开火！”

S：稳定/支持者

S——Steadiness。英文本义是稳健，代表着谨慎、稳定、耐心、忠诚与同情心。与 S 相关联的英文单词，可以补充说明其特质的有：

- Supportive（支持的）
- Submissive（顺从的）
- Stable（稳定的）
- Sentimental（感伤的）
- Shy（害羞的）
- Specialist（专家）
- Status -quo（维持现状）
- Security（保障性）

动力：内在品行。

崇尚和平，对人友善不爱挑刺，不喜欢与人产生冲突，先人后己，乐于助人，不善于拒绝别人，具有同情心，关心他人的问题及感受，特别细心地照顾他人。

面对压力时可能会：犹豫不决。

保守而敏感，决策和行动的速度都比较缓慢，遇到变动时会焦虑不安，而且表现出排斥变动的状态。

声音：温柔。

声音比较轻柔缓慢一些，音量比较小，语调比较低，配合比较少的肢体语言。

外表：保守。

没有特点就是 S 在装扮上最大的特点，相对比较保守。

希望别人：做出保证，且尽量不改变。

害怕：失去保障。

决策：“准备……准备……准备……”

C：谨慎——思考者

C——Compliance，英文本义是服从，代表着组织、细节、事实、精准。与 C 相关联的英文单词，可以补充说明其特质的有：

- Cautious（谨慎的）
- Competent（称职的）
- Control（抑制）
- Concerned（忧虑的）
- Careful（细致的）
- Contemplative（沉思的）
- Critical thinking（批判性思考）
- Consistent（一致的）

动力：把事做对。

特别善于用数据说话，非常讲究逻辑和精准性，善于分析过程，讲求事实与细节；希望通过组织、程序和规章来掌控环境；更关注事情，以任务为导向，不太关注他人的感受，喜欢有个人的空间，不喜欢有过多肢体接触。

面对压力时可能会：忧虑、钻牛角尖。

追求完美，希望自己不断超越，明天的自己一定要比今天的自己更好。做决定和采取行动时，显得非常谨慎而迟缓，喜欢三思而后行。喜欢挑刺，对自己和他人的要求很高，很难表扬与鼓励他人。

声音：稳定。

语调比较稳定，没有太多抑扬顿挫，音量不大，配合严肃的面部表情和较少的手势。

外表：专业。

衣着简单整洁，很少有装饰品，形象专业。

希望别人：提供完整、详细的资料。

害怕：被批评。

决策：“准备……瞄准……瞄准……”

以上是关于D、I、S、C这4种明显的行为风格的描述，其实每个人身上都有D、I、S、C，只是比例不同而已。我们说一个人D特质很高，只是说他的D特质相对其他特质比较突出，不代表没有其他特质。比如《欢乐颂》里的安迪，她的C特质很高，同时D特质也不低；曲筱绡的I特质很高，同时她的D特质也不低。

同时，D、I、S、C只是特点，本身并没有好坏、对错之分。有人说D特质的人太强势，但D特质的人可以给世界带来希望；有人说I特质的人太多话，但I特质的人可以给世界带来欢乐；有人说S特质的人太柔弱，但S特质的人可以给世界带来和平；有人说C特质的人太苛刻，但C特质的人可以给世界带来智慧。

在20世纪40年代，根据DISC理论，马斯顿博士创造出了完美的漫画人物神奇女侠。电影《神奇女侠》的女主角盖尔·加朵在接受采访时说：“神奇女侠最棒的一点在于，她如此多元化，代表着一切——正义、和平、智慧、大爱、接纳、慈悲心。”

了解自己是发展自己的基础，理解别人是影响别人的关键，对他人的敏感度影响你的成就。只要能够运用好DISC，我们每个人都可以成为神奇女侠。

第一章

婚姻与家庭：
做一个有爱的人

来永旭

DISC国际双证班第64期毕业生
国家认证二级心理咨询师
婚恋幸福力教练

1. 幸福婚恋
——人人都需要的四种爱的能力

家是最小国，国是千万家。在中国传统文化中，“家国天下”的情怀深入每一个中国人的骨髓。在2016年第一届全国文明家庭表彰大会上，习近平主席强调：家庭是社会的细胞。家庭和睦则社会安定，家庭幸福则社会祥和，家庭文明则社会文明。

家是由夫妻二人组成并共同支撑的，夫妻关系的好坏决定了家庭幸福指数的高低。夫妻感情和谐，才可以举案齐眉、琴瑟和鸣。心理学家弗洛姆说：“爱的问题不是对象问题，而是能力问题。”就像没有学会游泳，换泳池是没有用的。我们拥有爱的能力，才能让家庭更加幸福，让夫妻关系更加亲密。

我们学习了 DISC 行为风格理论以后会发现，每个人身上都有 DISC 特质，只是比例不一样而已。所以，当我们遇到事情的时候应该想到：凡事必有四种解决方案。爱的能力，也可以分为四种：D 控制、I 想象、S 依附、C 独立。

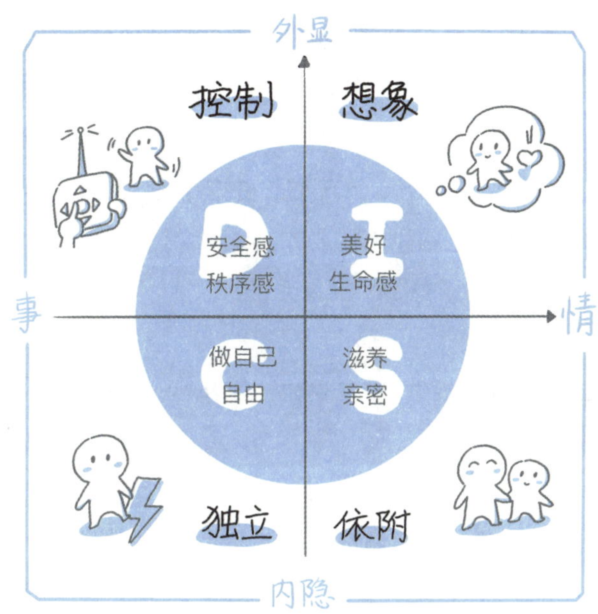

第一种爱的能力：D——控制

环境的安全性对每个人都是一样的，但每个人感受到的安全度却不一样。安全感较低的人，控制他人的欲望较强；而安全感较高的人，更多的是控制自己。所以，越不能控制自己的人才越需要控制外界。反过来说，越能控制自己的人，是越不需要控制外界的。

夫妻关系中，大多数人的安全感是比较高的，所以大家更多的是对自己的控制。比如控制自己的情绪，不让自己的情绪伤害到对方和自己；在有冲突时，控制住局面、化解情绪并正向认知不让其恶化，以及把握好进退节奏，给予对方足够的空间。有时候也在于不要过多计较，给对方多一点空隙。

恰到好处的控制对亲密关系是有好处的。恰到好处的控制，是指这种控制不会给对方带来不适感，也不至于让对方有过度的情绪反应。首先，把控制权让出给对方；其次，让对方感觉到他（她）被需要。聪明的人要让出自己的一小部分主权给伴侣，让对方感觉到是他（她）在控制你，而不是你在控制他（她）。

控制的另一面是被需要。被别人需要才能证明自己的价值。如果想婚姻幸福、满足和快乐，就要想办法让对方感到你需要他（她）。

男女在控制上的不同。男性，倾向权力语言，表现为占有、保护；女性，倾向关系语言，表现为包容、浪漫。

这种差异与古老的社会分工有关。女性在分工中承担采集果实的工作，一般留在家中，所以注意力持续放在家庭成员的关系上；男性需要外出打猎，注意力经常放在家庭之外。

社会在进步，现在分工已经不那么明确了，有些女性比男性更厉害，更有地位，事业更成功；而男性也能够越来越维护细腻而持久的关系。

女性的控制，常常有两种方式：

第一种是抱怨。不断地抱怨是向对方传递：你不能，也不愿意满足我的需要。这既否定了对方的能力，又否定了对方的愿望。这是抱怨最终无法解决关系问题的原因。

另一种方式是撒娇。撒娇能精确激活对方的英雄主义，同时也暗示：你能够，而且也愿意满足我，男人很难抵挡这样的控制。撒娇时，没有求人所导致的羞耻感，也不会投射羞耻感给对方，所以对方往往是乐呵呵地“被控制”。

男性的控制，也有两种方式：

一种是逃避。上床假睡、玩手机，或者离开家。从效果上来说，这种逃避可以起到保护女性的作用，避免冲突。但这种方式也可能会更加激怒女性，让她觉得你不重视她。

另一种方式是“哄”。哄老婆最重要的，是要戳到她的开心点，这个点是她想听、爱听，也是渴望听到的，这样才算是真正的哄，否则只是在编造假话。

第二种爱的能力：Ⅰ——想象

恰当的想象是美好的，是诗意生活的象征，表达的是我接受真实的你，也保有我对你的美好想象。

想象能使夫妻生活更加甜蜜，充满浪漫色彩，活在真实与虚幻之间；想象使语言插上了翅膀，任意飞翔。每次出差要收拾行李回家时，我都会想象着太太做好美味可口的饭菜，在家门口等着我，并且给我送上一个拥抱……夫妻的情感顿时浓烈起来，迫不及待地朝着家的方向踏上返程。

过度想象会导致两种弊端：丧失自我和理想化。

丧失自我：失去了自己，全身心地为对方而活，把所有的关注度都放在对方身上。这样不仅失去了自我保护的能力，被依赖的人也会感到很沉重。从心理学上来看，在亲密关系中失去自我的人，其实自我评价很低，很自卑。

理想化：因过度的理想化，为了爱而不顾一切地在一起，在一起后又因无法忍受一点点的不完美而埋怨甚至贬低对方，让对方感觉无价值、遭遗弃和被剥夺。越理想化，在现实生活中幻灭得也越彻底。

我们常常把自己的内心投射到伴侣的身上，比如把梦想情人投射给真实遇到的那个人，爱上他(她)以后，发现对方并不是自己理想中的那个人，于是就会失望或者焦虑，还想去改造对方。钱锺书说："老实说，不管你跟谁结婚，结婚以后，你总发现你娶的不是原来的人，换了另外一个。"

人注定不可能十全十美。爱，要接纳对方真实的样子。

第三种爱的能力：S——依附

依附就是有一些心理需求或现实需求无法自我满足时，需要通过借助他人的力量来满足。依附他人，弥补了我们自身的软弱、局限和无能为力，让我们的人生更加完整。

依附是亲密关系的重要标志之一。依附不是融合，适度的依附是亲密的表现，而过度依附是索取，会导致对方不堪重负甚至逃离。

过度的依附，源于不自信。不敢表达自己真实的想法，不懂得拒绝别人，需要依附别人来体现自己的价值。

最好的状态是成为既能被对方依附，也能依附对方的人。

第四种爱的能力：C——独立

独立是通过自身努力来满足自己的心理需求和现实需求。独立意味着可以做自己，最大的优点就是安全感。但过度沉浸在自己的世界中，可能会忽略对方的依附。

夫妻关系中，想要处理好依附与独立这两者的关系，必须注意以下两点：清晰的界限、正确处理冲突。

“界限”最早是由结构派家庭治疗大师萨尔瓦多·米纽庆提出来的，界限清晰是健康人格的最明显的特征。界限分为僵化界限、模糊界限和清晰界限。

夫妻关系，是以丧失某种程度的自由为代价，来获得稳定的关系。稳定的关系应该有清晰的界限，在关系上既不融合，也不疏离；既亲密，又自由。

在处理依附与独立关系的过程中，难免产生冲突。过度依附，冲突意味着：请离我远一点；过于独立，冲突表达的是：我们的关系处于疏离。冲突是一种爱的反向表达，换句话说，每次冲突的背后都孕育着美好。

冲突是亲密关系的晴雨表。如果能很好地化解冲突，婚恋关系将会变得更幸福。冲突不是为了赢过对方，而是赢得对方。

当我们遇到冲突时，以下方法可以帮助我们更好地化解冲突：

积极暂停，深呼吸；

认同情绪，正向表达；

说对五句话，从对立面走向共同体。

第一句：你说得对。

第二句:我理解你的感受。

第三句:你看重的是?

第四句:怎么做会让你更舒服?

第五句:增加夫妻合作,有哪些改变的可能?

懂是最好的爱

如何建立亲密关系呢?海峰老师常说:“懂是最好的爱。”我总结了“一三六六”原则,这也代表了一生顺顺的美好祝愿。

一,指一个原则:爱其所是,而非爱我所愿。

我爱的是你本来的样子,而不是我所希望的你的样子。我爱的是你本来的样子,**是件很有激情的事情,能让我们不断发掘对方的闪光点,不断收获惊喜。**如果我们都能做到爱其所是,就会放弃对对方的改造。不改造对方,也能让我们处在自由的状态中。不把对方过度理想化,就不会有失望;不把自己的内心投射给对方,就能够分清双方的界限。

比如,我和太太结婚前,她就告诉我,她习惯晚起,而且不太喜欢收拾房间。所以,结婚后,我也尊重她本来的样子。我习惯每天早上5点起床,然后晨跑、打太极拳。我生怕弄醒熟睡的太太,自创了一套轻巧的掀被、挪身、下床的动作,最大限度地不影响到她。太太告诉我:“你起床,我都不知道呀,睡得很踏实。”晨跑后,我会打扫房间,为她烧开水,并保证她起床后,能喝到55℃的温水。

三,指亲密关系发展的三个阶段。

伯纳德·默斯坦(Bernard Murstein)提出了“刺激—价值观—角色”理论,他认为，亲密关系的发展随着时间的推移，会受到三种不同信息的影响，伴侣对于彼此间的了解也会随之加深。

第一阶段：刺激，主要由外部特征，如外貌、金钱、地位、身份、身体吸引、欲望所引起。

第二阶段：价值观，相互交换态度、信念和对问题的看法。

第三阶段：角色，比如养育方式、事业、居家等。

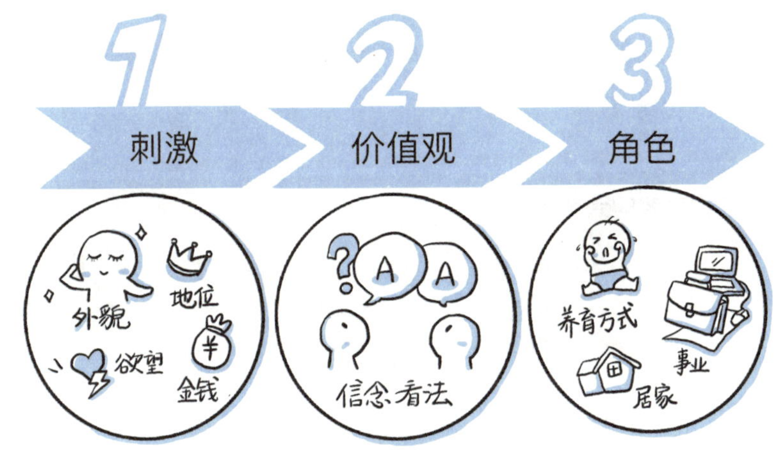

亲密关系发展的三个阶段

在刚认识的第一阶段，起决定性作用的是刺激。随着时间的推移，在第二阶段，价值观会越来越重要。到第三阶段，影响亲密关系的是角色。如果要让夫妻关系更亲密，需要双方有担当，扮演好各自的角色。

六，指亲密关系的六个特征。

这六个特征可以转换成问题，从中可以看出夫妻关系的亲密程度：

你们互相了解吗?

你们互相关心吗?

你们互相依赖吗?

你们步调一致吗?

你们相互信任吗?

你们彼此忠诚吗?

以上六个问题是否都要做到百分之百呢? 亲密关系不是做到完美,而是做到足够好,就可以了,这是因为:

过分追求完美,本身就是人格脆弱的表现。这样的人在婚姻生活中不能接受自己的不完美,也不能接受伴侣的不完美,所以随时处于害怕犯错、害怕被批评的紧张状态之中。这样一个伪装、虚假的自己,很难从对方眼中看到真实的自己。

保持间隙的夫妻,可以在对方面前做真实的自己。间隙,是夫妻双方保持既亲密又自由的关系的前提。

六,指亲密关系的六个误区。

我们在和另一半相处的时候,常常会产生以下六个误区,从而影响夫妻双方的亲密关系。只有跳出这些误区,才能更好地维护婚恋关系。

误区一:非血缘关系血缘化。

血缘关系的特点是无法终止,割肉剔骨都不能,而亲密关系是可以终止的。当我们在潜意识中把亲密关系转化成了血缘关系,就会在无意中通过言语和行为给对方带来伤害。

误区二:平淡替代激情。

老夫老妻,这么浪漫干啥,送花不如送棵菜花,弄点实际的,还能吃。日剧《昼颜》描述了这样一种婚姻状态:"结婚就是用失去的热情来换取安稳,过了三年,丈夫会把妻子当成冰箱一样对待。打开就有吃的,坏了也不去维修。"

当生活趋于平淡,物质趋于丰足,当爱人变为亲人,我们不禁要问,曾经的那份激情是否已经消散? 又有人说激情终将如潮水般退去,留下的只有平淡。

误区三:孩子隔离夫妻双方情感。

过度以孩子为中心,忽略了夫妻之间的情感交流甚至亲密关系,同时也会使孩子感觉到情感上的重负。因为夫妻间被隔离的那部分情感,会流向孩子,孩子会被

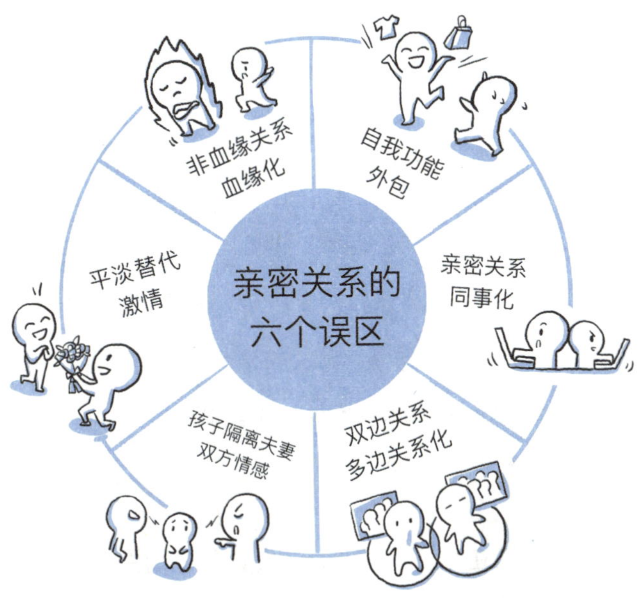

迫扮演某一方配偶的角色。

这至少会导致两种糟糕的结果：一是孩子的容器功能可能会被撑破，使他（她）无法消化自己要面对的那些问题；二是会影响孩子的社会交往，因为父母太需要他（她）。

误区四：双边关系多边关系化。

结婚看似是两个人的事，实际上是两个家庭甚至两个家族的相互融合和接纳。但亲密关系是两个人的关系，其他任何人的介入，都可能成为问题，这些问题包括：夫妻感情受损、夫妻对孩子的权利受干扰、各种边界不清所导致的冲突等。

误区五：亲密关系同事化。

夫妻共事是常见现象，但要划清边界。没冲突当然是好事，如果有冲突而且难以调解，最好放弃同事关系。

我和太太都是培训师，我俩各做各的，原因是不想为培训的事产生分歧，把双方的争执带入到亲密关系中去。

误区六：自我功能外包。

有些在职场上叱咤风云的女孩子，一谈恋爱就退化，变得什么都不会了，什么都需要男朋友帮忙。

常见后果有两个：一是功能压抑后，对方又不能及时发现，就容易产生怨气；二是对方可能感到被过度索取，想从这个关系中逃离。显然这两种后果都会对关系产生破坏。

宫崎骏说："爱，不是寻找一个完美的人，而是学会用完美的眼光欣赏那个不完美的人。"对于夫妻来说，最好的相处方式莫过于你欣赏我的不同，我也接纳你的不完美，而不必试图去改变对方。

人们既在爱里受伤，又在爱里获得滋养。夫妻关系的关键不在于有多合得来，而在于如何处理彼此的合不来。

徐芳

DISC国际双证班第15期毕业生
资深育婴讲师

2. 婴儿语言
——新手父母也能读懂宝宝

对于很多新手爸妈来说，面对刚出生的宝宝，他们既开心，又为难，因为看着可爱的宝宝，一方面不知道如何护理，另一方面，因为不懂得婴儿的语言到底是什么，不知道如何解读，所以手足无措。

很多职场精英都会在婴儿面前表现得很挫败，搞得定棘手的案子，搞得定竞争对手，搞得定领导和下属，可是听到宝宝哇哇的哭泣声，也不知道他（她）在传达什么信息。确实让人很崩溃！

还有些宝妈在孩子出生前看着美美的宝宝图片，想象着一个天使就要来到身边，可到了“开奖”的那一刻，却发现预期和现实的差距太大，甚至怀疑这孩子到底是不是自己生的。

还有另一种情况，新手爸妈觉得自己的性格比较活跃，可是自己家的宝宝特别安静，不哭不闹，总觉得有点不对。在宝宝睡觉的时候，还要伸出手指到宝宝鼻子下面探一下呼吸，确定正常才安心，就怕宝宝那么安静是不是出了什么事。

了解宝宝类型

作为一个从事十年母婴教育的讲师，我和大家分享如何破译婴儿的语言密码，帮你判断宝宝到底属于哪个类型，从而更好地应对。

宝宝的类型可大致分为以下几种：

天使型（乖巧型），对应 DISC 来说，偏 S 型特质。

模范型（可预知型），对应 DISC 来说，偏 C 型特质。

易怒型（敏感型），对应 DISC 来说，偏 D 型特质。

活跃型（自我型），对应 DISC 来说，偏 I 型特质。

暴躁型（小恶魔－不耐烦），对应 DISC 来说，偏 D、I 型复合特质。

天使型（乖巧型，偏 S 型特质）

这种宝宝是很多妈妈最喜欢的，也是梦寐以求的类型，因为太好带了，特别省心。

总体特点：爱笑、乖巧无比、相当配合、自娱自乐、自我安抚。

拥有 S 型特质比较多的成人通常也是特别温和亲切的，所以这个类型的宝宝也是。宝宝醒来以后就不容易哭闹，通常自娱自乐，看着天花板，要不就是看着玩具咿咿呀呀；而且很容易让人明白他（她）要干吗，是饿了，还是尿了。所以，这样的宝宝真的特别让人省心。套用一句话说，生了这种宝宝的父母上辈子应该是拯救了银河系。

天使型（乖巧型）

这种类型的宝宝拥有治愈性的笑容，看到他（她）的笑容，心都化了。我朋友的旺宝就是这样的孩子。旺宝爸妈每天都很开心，因为早上起来就看到旺宝天使般的笑容，下班回到家看到的还是这样的笑容，工作一天的疲惫都没有了。拥有这样的孩子，大人时刻都沉浸在开心当中。

模范型（可预知型，偏 C 型特质）

拥有 C 型特质比较多的成人通常有一个特点就是比较严谨细腻，遵循规矩程序。所以，这个类型的宝宝也会有这个特点。

总体特点：你笑、他（她）也笑，按部就班，符合规律，有所暗示、咿呀细语，四处张望。

所以，这种类型的宝宝也是比较好带的，因为他（她）的行为比较有规律。我朋友红的宝宝就是这样，做什么基本都有暗示，非常符合婴儿的生长规律，三四个月的时候晚上基本就不需要喂奶了，能够安稳睡一觉到天亮，四个月会翻身，五六个月就会坐，八个月就会爬了。逗她笑，她也会回个甜甜的笑。

模范型（可预知）

当然这类型的宝宝也有没有胃口或者胃口突然增加，以及偶尔闹点小脾气的时候，但总体来说，模范型宝宝是容易安抚的，睡觉也比较安稳，所以总体还是比较省心的。

易怒型（敏感型，偏 D 型特质）

拥有 D 型特质比较多的成人通常容易生气，所以这种类型的宝宝也是易怒的。对于家长来说，遇到这样的宝宝，难度系数就增加了。

总体特点：易怒、过分敏感、容易被外部刺激吓到、紧张不安、喜欢吮食、脱离计划、打乱安排。

遇到这种类型的宝宝，家长就比较吃力了。我有个学员的孩子就是这样。他很敏感，容易受外部刺激的影响，极容易哭闹不休，特别缺乏安全感。比如，汽车的声音、电视机发出的声音，或者带出去的时候有狗叫，都会吓到他，从而引起他的哭闹。加上这孩子还有些胀气不舒服，就更加容易哭闹不安了。他们喜欢吸吮奶嘴，所以用安抚奶嘴还是有用的；睡觉和喝奶都没有规律，容易打乱安排。

易怒型（敏感型）

对于这样的宝宝，需要通过塑造子宫环境来给予安抚，帮其建立安全感。可以用襁褓包裹住孩子，暖暖的，让他（她）感觉还在妈妈子宫里一样；可以在网上下载白噪音，这是为了模拟液体在子宫里面的声音……这些方法对大多数易怒型宝宝有用。

活跃型（自我型，偏 I 型特质）

拥有 I 特质的成人通常比较活跃，总有使不完的劲，而活跃型宝宝也是如此。只不过，这种劲可能会让妈妈们有点招架不住。

总体特点：喜欢用声音表达、清晨尖叫、包裹严实才能睡、喜欢抓奶瓶、抢玩具。

活跃型（自我型）

这种类型的宝宝最大的特征是喜形于色，喜欢什么、不喜欢什么都会毫不犹豫地让你知道，而且有强烈的感情色彩。活跃型宝宝的爸爸妈妈通常睡眠不好，因为宝宝醒来绝对不会像天使型宝宝一样在那里自娱自乐，而是尖声大叫吵醒爸妈，我醒啦，我饿啦，我尿啦！活跃型宝宝的哭声通常很响亮，力气也用不完，喜欢扭来扭去。如果是喝奶粉的娃，有力气了，自己会抓奶瓶。这类宝宝在睡觉的时候，通常也需要用襁褓，包裹严实之后才容易睡觉。

暴躁型（小恶魔型，偏 D、I 型特质）

这种类型的宝宝应该是来锻炼你，让你修炼耐心和体力的，集合 D、I 特质，拥有很大的能量，也有最差的脾气。

总体特点：板着脸、极为不满、劲头十足、不易入睡、不耐烦、哭声响亮持久。

此类型的宝宝，一看就不好惹。暴躁型宝宝一天到晚板着脸，和天使型宝宝对比鲜明。所以，这种宝宝的爸爸妈妈首先要做好的就是自己的心理建设，不要被宝宝的情绪影响。

暴躁型（小恶魔—不耐烦）

他们力气也大，劲头也足，睡眠通常都不是很好，半夜经常哭个不停。在喂奶的时候，如果奶水出来比较慢，他们会着急得哭，洗澡不舒服也会哭，换衣服不舒服也会哭。他们不喜欢被包裹，安慰起来需要很大的耐心，还不喜欢被命令，需要温和地拍着哄。

提醒各位爸爸妈妈，我们只是为了方便大家分辨和区别，其实很多宝宝有可能介于两种类型之间。分析宝宝类型，不是去贴标签，比如发现宝宝特别不好带，就说我家宝宝是小恶魔型的。分析只是为了帮助我们去更好地了解宝宝，更好地抚育宝宝，所以，永远不要给孩子贴标签，如果已经贴上了，请一定要撕下来。

心态调整

了解孩子类型之后，我们来说说作为家长应该具有的心态。

承认自己的失望

对于很多家长来说，十月怀胎会很期待，但一朝分娩，完全不能接受。有的是因为孩子的性别不是自己所期待的，还有的是希望是个天使宝宝，每天笑眯眯地对你，结果出生了却是一个小恶魔，每天荼毒你的耳膜，你需要深呼吸无数次来修炼自己的耐心。

很多时候，父母觉察不到自己的沮丧心理，或者已经意识到了，却羞于承认自己的失望，并不想坦白第一眼并不喜爱自己孩子的事实。

所以，我们首先要做到的就是坦承自己的失望，接纳自己的失望，这样才能好好地去面对自己，面对孩子。

面对宝宝哭闹的心态调整

对于宝宝的哭闹，大多数家长会有 3 种心态：好烦、觉得自己很糟糕、感觉尴尬。

一听到宝宝的哭声之后，有的宝妈宝爸会说，天哪，宝宝又哭啦，受不了了，谁把他抱走吧。有的没有说话，可是眉毛已经完全皱起来了，一脸的不耐烦、无奈。

其实烦是最常见的心态之一，也没什么不好意思，因为，大多数人都这样。所以，当宝妈宝爸已经感觉到烦的时候，大多也不会很好地去满足宝宝的需求。但即使这么小的婴儿，也能够感受到你的情绪，宝宝会受到你坏情绪的影响。

觉得自己很糟糕。不同于前面的对外情绪，这种情绪是对内的，打击的是自己。觉得自己好糟糕，怎么连个孩子的哭闹都搞不定，有挫败感。或者一看到孩子在哭，自己也哭了，心碎、自责。觉得孩子的痛苦都是自己造成的。其实，这并不是你造成的。

完全不必产生这些想法，要知道孩子无论怎么样都是一个天使，都是上天赐予的宝贝。宝妈宝爸可以与其他父母分享交流，这样对自己会有帮助，因为他们会发现自己并不是孤军奋战，这样才能让自己消除负面情绪。

感觉尴尬。有的时候，宝妈宝爸会带宝宝出门去看看外面的世界，但宝宝在公共场所大哭大闹，会让宝妈宝爸感觉很尴尬，觉得对不住其他人。其实大可不必，大多数有孩子的家长都能理解。

勇敢应对

调整好心态。接下来要做的就是如何好好面对。请相信在孩子成长的道路上，办法总是比问题多。

面对宝宝哭闹，可以分“停、听、看、分”四步来应对。

停：停下来——让自己先平静下来。

听：听一听——倾听。

看：看一看——观察宝宝的肢体语言。

分：综合分析。

停：停下来——让自己先平静下来

上文说到宝妈宝爸首先要做到的是接受自己也是平凡人，宝宝有哭闹很正常。宝宝哭闹时，先让自己停下来，平静一下，只有自己先平静了，才能好好地倾听宝宝声音。

可以深呼吸几次来进行调整，甚至可以去另一个小房间，让自己平复几分钟，再来应对宝宝。除非明显的呛咳症状，大多数时候让宝宝哭一会儿没啥大事。

听：听一听——倾听

房间里有没有发生其他事情？是不是有宠物的叫声？有没有比较大的家用电器的声音？外面是不是有噪音？这些都会引起孩子哭闹。细心留意并分析是哪些声音影响了孩子。

再回顾一下宝宝是从什么时候开始哭的，是不是吃过奶了，尿布有没有湿或者不舒适。

看：看一看——观察宝宝的肢体语言

可通过观察宝宝的头部、手、腿等来了解宝宝所传递的信号。不同的情况，宝宝的哭声一定会不一样，再结合宝宝的肢体语言，就很容易识别了。

分：综合分析

通过分析判断宝宝究竟出于什么原因哭闹，最常见的是以下几种情况：

宝宝饿了

宝宝饿的时候,通常会舔嘴唇,喉咙里会发出类似咳嗽的声音,一开始会有些短促,之后才是稳定的有节奏的哭声。如果是母乳喂养的,宝宝通常会将头转向妈妈,寻找妈妈的乳头;或者把自己的手伸到嘴巴边上。

宝宝冷了

宝宝冷的时候,嘴唇会哆嗦,皮肤上会起鸡皮疙瘩,还有点发抖。如果冷得厉害,手、脚、鼻子、嘴唇还会有点发青发紫。换尿布、洗澡的时候,宝宝容易受凉,要多注意保暖。

宝宝热了

如果宝宝太热了,通常哭声很烦躁,热得有点儿喘气。一开始会哭声小,如果5分钟左右还得不到回应,宝宝就会大声哭。此外,还伴随着身上出汗,小脸红扑扑的,呼吸不均匀,气喘;如果身上有湿疹的,疹子会红得更厉害。

宝宝便便了

如果宝宝便便了,一般会发出哼哼的声音。身体扭来扭去,停止喝奶;小脸蛋涨得红红的,一动不动,像在用力一样。

疼痛或者不舒服

宝宝在感觉到疼痛的时候,哭声通常都是大声的尖叫,或者事先没有什么征兆，哭泣时会有屏气，身体通常会变得僵硬。还有宝宝会把膝盖弯曲到胸前，因为蜷缩着会舒服一些。

大多数宝宝容易因不正确的喂奶方式导致胀气、肠痉挛等情况，可以通过按摩、排气等方式帮助缓解。

要抱抱

前面的基本都是生理性和病理性引发的哭闹，排除了前面的原因，很多时候宝宝哭闹还由于缺乏安全感，就是要爱的抱抱！

这时候，宝宝的哭声通常很小，像小猫一样。这就是爱的呼唤，如果你把宝宝抱起来了，他(她)立马就不哭了！如果爸爸、妈妈们能及时判断出宝宝是要抱抱，可以轻轻拍拍宝宝，温柔地和宝宝说话，这样就能培养孩子独立的能力！

新手爸妈面对宝宝哭闹时不要慌乱，知道孩子有 5 种类型，通过观察宝宝的表情、行为，了解宝宝的性格、行为特点，判断并满足宝宝的需求。仔细观察，用心聆听，做用心的父母，养育好自己的宝宝。

刘美慧

DISC国际双证班第80期毕业生
英国东尼博赞思维导图认证管理师
美国正面管教家长认证讲师
蒙台梭利认证助教

3. 快乐养育
——让孩子受益一生的家庭教育

你爱自己的孩子和爱人吗？有多爱呢？

我想答案都是极其肯定的，我们所做的一切都是为了让孩子好。可是，我们真的懂得如何爱孩子，如何养育孩子吗？

随着孩子的成长，父母的压力也越来越大，总是不停地想提升自己的幸福指数，也期待孩子在成才的路上越走越远。孩子越来越感受不到父母的爱，取而代之的是父母的要求和责备。扪心自问，这是我们的初心吗？当我们第一眼看见孩子时，可曾想过有一天会对着孩子大喊大叫，情绪难以控制？

现在的工作大都是持证上岗的，可是父母这个职业却是顺其自然先“上岗”，再去磨炼技巧。父母，是最好的职业，也是最坏的职业。如何快乐养育孩子，让孩子在良好家庭教育的滋养中成长，是亘古不变的话题。

作为一个6岁孩子的妈妈，从最初为了更好地陪伴到现在望子成龙，我的思维和行动无时无刻不在调整。我学了各种关于教育的技能，比如正面管教、蒙氏教育、思维导图、快速阅读和超级记忆，目前还在进修儿童心理学，这些都是希望能给孩子良好的家庭教育，也希望我的经验能给读者一些参考。

何为家庭教育

家庭教育，顾名思义就是家长有意识地通过自己的言传身教和家庭生活实践，对子女施以一定教育影响的社会活动。狭义的家庭教育就是家庭成员（包括父母和子女等）之间的相互影响和教育。

家庭教育，是大教育的组成部分之一，是学校教育与社会教育的基础，不可或缺。家庭教育开始于孩子出生之日（甚至可上溯到胎儿期），婴幼儿时期的家庭教育被称为“人之初”的教育，在人的一生中起着奠基的作用。随着年龄的增长，孩子上了小学、中学后，家庭教育既是学校教育的基础，又是学校教育的补充和延伸。

了解孩子 懂得自己

根据美国心理学家马斯顿博士所提出的 DISC 行为风格理论，孩子和父母都可以大致分为：Dominance 指挥型、Influence 影响型、Steadiness 支持型、Compliance 思考型四种特质。不同特质的孩子会体现出不同的行为风格，因而也需要不同的教育方式。

D 型孩子

D 型孩子很聪明，完全明白家长的用意，但也有自己的小主意，自我认知很强。他们的情绪来去比较快。他们往往是事情的主导者，总想自己说了算。D 型孩子占有欲很强、情绪容易激动，像小霸王一样独占小区操场，犯了错也绝对有各种理由不认错。

D 型孩子自信、自制、反应速度快，而且执行力强。他们比较怕孤独，喜欢领导和权威的感觉。知道这些特点以后，家长就可以对症下药，常用称赞以帮助孩子找到自信。

I 型孩子

I 型孩子活泼好动，喜欢团体活动，精力十足，容易受周围环境的影响，同时适应能力很强。他们爱表现，时刻提醒自己要注意形象，喜欢成为万众瞩目的焦点。此类孩子反应快且很有创新力，从不孤独，而且自我调适力很好。

他们往往因为容易兴奋而粗心，考试经常漏题，越容易的题越是出错，难以考满分，也常因此会被父母批评。但是，这类孩子心思很细腻，很在意周围人对他们的评价以及在人群中的感受，他们希望在集体中得到更多赞赏的目光，父母们请注意：即使要指出他们的不足，也该先赞同再指正！

对于这样的孩子，家长应该加强对其专注力和韧性方面的培养，父母的言传身教尤为重要。

S 型孩子

S 型孩子一般沉默、随和，容易适应外界环境，情绪基本稳定。

养育 S 型特质的孩子，父母需要懂得孩子的内在需求，认同其内心的感受。S 型孩子不善于表达，但并不代表内心没有想法。多数情况下，他们反应比较慢。S 型孩子的家长要给予孩子足够的耐心和正向引导，并积极给予鼓励和支持。

多给一点关爱，多给一些支持，多给一些时间，S 型孩子就会越来越健康和阳光。

C 型孩子

C 型孩子思想独立，创造力极强，慢条斯理，谨慎，注意力持久，非常专注，也能迅速解决自己的问题，追求完美。他们可以在喧闹的环境中安静、专注地做自己喜欢的事情，比如看绘本、玩乐高、拼魔方，有点喜欢独处。

他们思维敏捷，常常用意想不到的角度考虑问题，关注细节，用词犀利。对于 C 型孩子，父母只需用心陪伴，给他们足够的成长空间，接纳并尊重其思考方式。

每个人都有与生俱来的差异特质，这是人格发展的基础。特质是人的天性，无好坏之分，每种特质都有利有弊。只有当我们充分了解了孩子的特质时，才能做到充分尊重孩子，也能避免孩子间的横向比较和按照成人期望去教育孩子而忘了初衷。

我们可以运用 DISC 理论，多花点时间观察孩子，多与孩子交流，了解孩子，明白孩子的内心需求。我们也应不断地学习和提高，做更好的父母，因为父母的言传身教对孩子的行为塑造很重要。作为家庭教育主角之一的父母，只有了解自己的特质，才能更好地调整自己的情绪和行为。

D 型父母：指挥者

直接、控制和独断，往往关注事情，以结果为主，追求效率而忽视孩子的感受。

I 型父母：影响者

外向，热爱交际、幽默风趣、性格爽朗，经常给人鼓励和赋能。游戏力好像是为此类人而生，常常和孩子玩到一块。

S型父母：支持者

友善、有耐心和同理心，追求家庭和平。当然，也容易过度和善、不坚定，原则不清晰，常常无底线地娇纵孩子。

C型父母：思考者

讲究条理、为人谨慎，注重细节和事实，计划性强。关注事情，喜欢纠错，过于坚定，往往会让孩子觉得没有自由。

用 DISC 解决磨蹭难题

没有时间观念、动作磨蹭，说一遍不听，两遍不动，三遍反抗……

做事没效率，明明可以很快完成，却拖拉了两三个小时……

相信很多父母都遇到过磨蹭难题。其实，10 个孩子 9 个磨蹭，我们只知道孩子拖拉、磨蹭，但了解背后的真实原因吗？

孩子磨蹭一般有三个原因：生理原因、行为原因和心理原因。

生理原因：孩子不舒服、有点困，或者大脑发育迟缓、受过一些损伤，不能集中注意力，容易健忘，对事情慢半拍。生理原因的概率还是很小的，如果碰到这种情况，需要及时去医院做专业的检查和治疗。这种情况下，家长的陪伴和共同辅助训练显得尤为重要。

行为原因:行为习惯性的拖延,大多因为父母没有在合适的时间段做规则引导。

心理原因:孩子用行为拖延,来逃避心理不适,也是对家长不适当教育的一种反抗。

家庭是孩子的第一生活环境,孩子最初的生活体验、一般的社会道德评价和行为习惯都来自家庭。父母的养育方式将直接影响孩子的人际交往及其独特的“行为风格”。

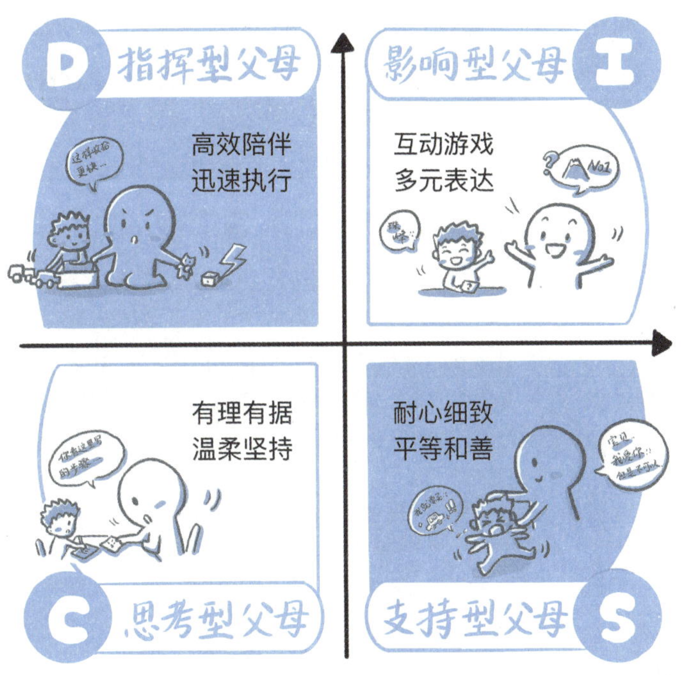

针对不同特质的宝宝,利用自身行为特质的优势对其进行引导可以更好地帮助孩子提升效能,也能让我们不急不吼地处理问题,帮助孩子在快乐的氛围中健康成长。

D 型父母

D 型父母注重目标和结果，往往会采用高压方式教育孩子。

教育结果

D 型宝宝：叛逆、自主，会按照自己的想法去做。

I 型宝宝：成为与父母一样的人或者唯唯诺诺。

S 型宝宝：基本能够接受并全力成为父母期望的样子。

C 型宝宝：叛逆，会对着干。

D 型父母需要学会蹲下来和孩子一起承担，陪伴孩子执行，减少言语冲突，用非语言行为解决问题。

可以让孩子自己决定结束的方式，和孩子一起使用闹钟和计时器，在合适的时间点提醒。在整个过程中不再有过多打扰，保证其专注力。当然也可以和孩子谈判，所有事情并不是父母决定就可以了，站在孩子的角度换位思考很重要！

I 型父母

I 型父母非常热情，可以和孩子一起玩，早期会比较受欢迎，但需要增强自控力。

教育结果

D 型宝宝：早期会接受，随着自我意识增强会产生变化。

I 型宝宝：比较适合这种教养方式，但容易成为“人来疯”。

S 型宝宝：容易被忽略而导致得不到很好的培养。

C 型宝宝：不容易控制，容易干出很多令人意想不到的事情。

I 型父母和孩子互动的同时要学会自我调节。可通过游戏来理解孩子的情绪和行为，和孩子一起画个钟表图，教孩子把时间和事情联系起来，养成良好的时间观念。要允许并接受孩子表达自己的感受。

S 型父母

S 型父母情绪平和，比较有耐心和宽容心，能够很好地支持孩子的学习和成长，但也可能会因为缺乏主见和过于宽容而导致偏离方向，需要加强信念、坚定原则。

教育结果

D 型宝宝：容易实现父母的期望。

I 型宝宝：需要注意教育环境和树立榜样。

S 型宝宝：需要给予要求和指导，也可能错过教育时机。

C 型宝宝：可能会出较高成就。

S 型父母有宽容心和耐心，这是他们的一大优势，但过于宽容，反而不利于帮助孩子养成良好的作息习惯，希望 S 型父母在培养孩子的时间观念时，多坚持原则。

C 型父母

C 型父母严谨细致，对孩子的发展规划比较明确，要求也会较高。凡事都有计划，家里的墙上除了课表就是计划表。需要平和地面对高标准，从容淡定地接受现实。

教育结果

D 型宝宝：如果规划能达成一致，效果会比较好，否则也会有很大问题。

I 型宝宝：除了规划，还需要给他创造较好的环境。

S 型宝宝：非常适合 C 型父母的培养，而且极易出成就。

C 型宝宝：如果比较合适他，也会有不错的结果。

C 型父母的计划性很强，对孩子的要求也很高。C 型父母应该注意的是孩子良好习惯的养成是一个循序渐进的过程，在为孩子制订各种计划表的时候，最好和孩子一起制订，享受和孩子的互动过程，也要适当地给予孩子宽容。

姚赞荣

DISC国际双证班第88期毕业生
教育公司互联网运营总监
国家认证生涯规划师
华南理工大学工商管理硕士

4. 幸福人生
——职场父母的平衡节奏

一个人的成长轨迹，是一个不断成熟发展的过程，伴随着职场的发展、家庭的责任，一个新的角色“职场父母”出现了。

如果你也是一个职场父母，可能会面对这个非常重要的问题：如何平衡好工作、生活中的各个角色。职场中的父母，既要承担来自工作的压力，同时又肩负着家庭的责任。虽说有越来越多的自由职业者，摆脱了职场朝九晚五的束缚，然而自由职业者同样要面临工作与生活如何平衡的问题。

从职场新人到新手父母，再到游刃有余的职场父母，我曾踩过一些坑，也慢慢总结出了一些经验与方法。老婆对我的评价是：从一个只会大吼大叫的父亲，变成一个平衡好工作、家庭角色的好爸爸、好老公、好儿子。

我们每个人都可以成为心中所想的那个自己，关键是找到平衡。

平衡难，是因为掉进了思维陷阱

大多数人对平衡的理解，是生活和工作如天平一样，两头端平。在这种想法下，会觉得平衡很难，事实上真如天平一般的平衡真的很难。一味地追求天平式的平衡，往往是因为掉进了思维陷阱里。

陷阱一：每天都追求完美的平衡

每天都追求完美的平衡，是希望既能工作顺利，又能照顾好家庭，自己的工作和生活时刻都让人无比满意。

而现实的情况是，因为每个人的时间有限，如果处处追求完美，一个人一天24小时不够用，可能需要48小时，甚至72小时。

2019年的上半年，是我写研究生毕业论文的时候，白天忙于工作，晚上忙着写论文，特别是定稿前的那一个月，我几乎没有时间陪伴孩子。我既要工作，又要写论文，还要陪伴孩子、与朋友聚会、健身运动，那么，真的是每天即使有48个小时都不够用。

平衡的焦虑，往往来自希望时刻保持平衡。如果以一天为时间维度来思考，完美肯定很难，而且永远遥不可及；但我们可以有完美的一周，如果没有完美的一周，那么会有完美的一个月，也许不会有完美的一个月，但一定会有完美的一年。

陷阱二：以平衡为理由，追求面面俱到

很多时候，我们什么都想做好，想要在人生的每一个阶段都不留空白。什么都想做好的人，最终将什么都做不好，典型的例子就是容易分心，无法静下心来做好当下的事情。

比如，上班的时候，想着家里的事情；在陪伴孩子的时候，拿着手机忙工作的事情；在和家人相聚的时候，戴着耳机听课学习。上班时，就应该做好眼前的工作。陪伴孩子的时候，就要将注意力集中在孩子身上。

陷阱三：以“中心”为理由，拒绝其他一切

在生活中，我们常常会听到这样一种说法：30 岁以前以事业为中心，40 岁以前以创业为中心，50 岁以后以生活为中心。

30 岁的时候，孩子叫他陪着去游乐园，他说：“爸爸工作忙。”40 岁的时候，妻子要和他谈心，他说：“你要谅解我，我正在创业呢，很忙，以后有的是时间陪你聊。”在该奋斗的阶段，为工作与事业付出无可厚非，但是如果一个人以此中心为理由，拒绝其他一切，我们会看到什么样的人生呢？到了 50 岁的时候，也许“工作狂”事业有成。但因为忽视了孩子的教育，孩子变得叛逆；忽视了家庭和妻子，可能导致夫妻之间的亲密关系出现问题。**要知道，每一个阶段都有一个中心，并不意味着那是唯一的中心。**

平衡的真相

我们往往会羡慕别人的平衡人生，觉得自己的人生不平衡，所以很纠结，其实这个认知是有偏差的。因为你只看到别人平衡的那一面，并没有看到别人不平衡的那一面。

有时候，一个人需要为了达成一个目标，主动去牺牲一段时间的平衡感。从平衡的三个思维陷阱，可以看到平衡的真相：**没有完美的平衡，只有动态的平衡**。人生其实就是经常处于各种不平衡的状态，不是这里要多付出，就是那里要让一让。平衡是动态的，只有接受并容纳当下的不平衡，才能拥有平衡的人生。

通常来讲，我们大多数人遇到平衡问题，是在结婚有了家庭之后。在大学读书的时候，或者在大学毕业刚工作的时候，甚至是工作 3 ～5 年的时候，都没有明显感受到来自平衡的问题。我在做职业生涯咨询的过程中，遇到的平衡问题最多的人群是已婚职场人士，这个人群有一个共同的特点：工作、生活不能很好地兼顾。

为什么会在这个阶段面临人生的平衡问题呢？最根本的原因在于**多角色冲突**。

人生在每一个不同阶段有不同的角色，随着角色的增加，每个角色都需要你付出时间和精力。尤其是在结婚并有了孩子以后，你会觉得时间越来越不够用，要做的事情越来越多，工作、伴侣、孩子、父母，都需要占据自己的时间。这个时候，多个角色在拉扯着自己，也就导致了无法平衡的问题。

关于平衡的问题，生涯大师舒伯提出了一个非常出名的生涯理论“生涯彩虹图”，让我们清晰地看到人生不同阶段所承担的不同角色。舒伯提出：在不同的发展阶段，每个人都会有不同的生涯角色重点。在个人的生涯发展中，一个人所处的发展阶段和角色会互相影响，从而形成一个多重角色生涯发展的综合图形。这其中涉及两个方面，一个是“生活广度”，另一个是“生活空间”。

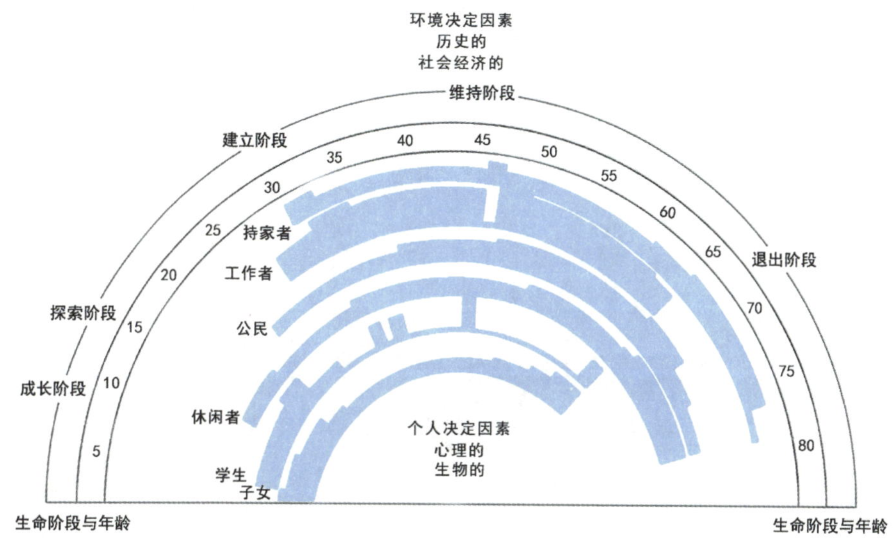

在生涯彩虹图中，横向代表的是横跨一生的“生活广度”，图中彩虹的外层显示人生主要的发展阶段，每个阶段和大致估算的年龄为：成长阶段，0 到 14 岁；探索阶段，15 到 24 岁；建立阶段，25 到 44 岁；维持阶段，45 到 65 岁；退出阶段，65 岁以上。

在生涯彩虹图中，纵向代表的是纵贯上下的“生活空间”，是由不同的角色所组成的。舒伯认为人的一生中需要扮演不同的角色，包括子女、学生、休闲者、公民、工作者、持家者。

人的一生，所处的发展阶段和角色会互相影响，比如，我们从一出生开始，就进入子女的角色，在成长阶段，子女的角色是最重要的。在进入探索阶段以后，子女开始慢慢独立，而且有了新的角色，会将大部分的时间和精力分配给其他角色。进入维持阶段以后，随着父母年龄的增长，我们承担的子女的角色会凸显出来。直到父母去世后，子女的角色才会结束。

在生涯彩虹图中，还可以看出，从建立阶段开始，个人所扮演的角色数量达到了顶峰，同时会身兼持家者、工作者、公民、休闲者、学生、子女角色。一个人在大学毕业后，刚刚成为工作者角色，有可能在三五年后结婚，然后成为持家者。对于这个人来说，也可能在结婚后会马上扮演父母的角色，而人的时间和精力都是有限的，各种角色集于一身，平衡的问题就会开始出现。

生涯彩虹图形象地告诉我们，平衡问题是在一个人的生涯发展阶段中不可避免的。在特定的阶段，就需要正确地理解和看待平衡的问题，去审视当下阶段的生活重心。

DISC 四种方法破解平衡问题

DISC 理论告诉我们一个道理，凡事必有四种解决方案。在面对平衡问题的时候，可从四个不同的角度来找到平衡的节奏，用四种方法破解平衡难题。这四种方法分别是：

D——人生九宫格做目标管理。

I——建立幸福人生支持系统。

S——掌控自己的情绪能力。

C——思考并构建落地行动。

D——人生九宫格做目标管理

出租车司机最怕遇到的是什么乘客呢？如果你现在去打的，上车后司机问道，你要去哪里？你说，随便开，我也不知道要去哪里。这是司机最怕遇到的，他也不知道该往哪里走。找到平衡节奏的第一要点也是一样的，一个人要实现平衡，最起码你得知道要去哪里，目标是什么？

所以，很多时候我们纠结的问题其实并不是如何平衡，而是不知道自己要什么。当一个人知道自己要什么的时候，他就能够一步一步地往前走。**没有目标的行动，是误打误撞；有目标的行动，才能获得平衡人生。**

我们的人生，不止工作一件事，也不止一个维度，除了工作、家庭，还有维持身体健康、学习成长、休闲娱乐、财务理财、人际交往等等。人生九宫格模型能够帮助我们梳理未来的愿景。

我的平衡人生九宫格，分别从8个不同的维度来制订目标，从下到上来看：底下的三个部分是根基：体验突破、身体健康、学习成长。中间的是人生的两个重点：工作和生活。上面的三个部分，是财务理财的安排、人际交往的需要以及休闲娱乐。8个维度的分类，可以按照自己的想法来做增减和调整。

关于平衡人生九宫格，有三个要点：

第一，一般来说，一个人的时间要合理分配给这8个维度。每个维度都要兼顾，人生才能保持平衡。如果我们不分配足够的时间给休息跟健康，最终身体不好，那就什么事情也做不成。

第二，人生要平衡，是指8个维度都要兼顾，但不等于这8个维度要分配一样多的时间。有的阶段可以多分配一点，有的阶段可以少分配一点。根据当下的侧重点来定，比如有一个重要项目要攻关，那么这个阶段肯定是以工作为主。

第三，不同的人，在不同的阶段有不同的目标，所以九宫格的阶段性重点可以完全不同。比如，在谈婚论嫁的年龄，最重要的事情是成家。如果一个人在大家公认最值得学习的阶段沉迷于游戏，这个选择可能就不太明智。

人生追求的是幸福。对于幸福的定义，不同的人有不同的体悟。罗素说过这样一句话："参差多态乃幸福本源。"丰富多彩的生活才是幸福的源头，在人生平衡九宫格中，也可以加入创业项目、兴趣爱好等。

很多时候，当我们不知道自己要去哪里，走哪条路都无所谓。看到这里，请先停下来，认真思考一下：我的人生平衡九宫格想要实现哪些目标？

I——建立幸福人生支持系统

职场父母要获得生活和工作的平衡，离不开另一半的支持。我们要建立一个幸福人生的支持系统，就需要从他人身上获得一些支持。

幸福人生的支持系统，通常会包含以下三个方面：

家庭中：爱人、子女、父母、亲属等。

工作中：合作者、客户、上级、下属等。

交际中：朋友、邻居、老师、同学及一切社会关系等。

上面列举的都是平衡人生中的重要支持，每个人的实际情况会有所不同，可以根据自己的重要关系调整，画出自己的支持系统。人都是社会动物，在社会中扮演不同角色，自然会和不同的人产生联系，所以，兼顾工作和家庭的职场父母需要想清楚，我的幸福人生支持系统是什么？

S——掌控自我情绪的能力

建立幸福人生支持系统的中心是自己。如何进行情绪的自我调节，获得掌控自我情绪的能力就显得尤为重要。

我们在生活和工作中会遇到很多事情，让情绪产生波动，这个时候如果把上一秒的情绪带入下一个事项中的话，影响是非常大的。一个人在工作中不是很开心，如果他将这种情绪带到家里，其实家人是能够感受到的。这个时候，个人的情绪无形之中也会影响家人的情绪，而这恰恰需要我们有掌控情绪的能力。

在 DISC 双证班的课程上，海峰老师教过我们一个动作，就是把你的右手伸直，掌心向下，然后嘴里发出“whoosh”，同时把手往后甩。

通过“whoosh”这个方法，我们能够很好地把情绪留在过去，用一种全新的状态去面对新的开始。一个成熟的人，尤其是一个成熟的职场人士、一个成熟的父亲或母亲，一定要对自己的行为和情绪有控制能力。

C——思考并构建落地行动

我们有了目标，有了个人的支持系统，有了控制情绪的能力，接下来还需要思考并行动。

从生涯彩虹图能看到不同的角色，从人生九宫格能看到人生的多维目标，面对角色和目标，应该如何分配时间？有一个工具叫“角色饼图”，能够教我们思考如何平衡多角色的生活，更好地分配时间，平衡自己不同人生角色之间的关系。

通常来讲，绘制角色饼图分为这样四个步骤：**角色梳理，绘制饼图，对比分析，调整方向**。

角色梳理：思考自己在当前阶段主要扮演的生涯角色有哪些。通常的生涯角色有：持家者、工作者、公民、休闲者、学生、子女等。

绘制饼图：思考每种角色的比重，用百分比数字表示，然后按照比例填入第一个圆形之中。可以用一个月为时间单位，代表本阶段100%的时间，每个角色投入的时间比例就是这个角色在现阶段的比重。

对比分析：思考一下，在你所期待的状态中，你会担任哪些生涯角色，也在纸上写下来，然后再思考未来各种角色的比重，同样用百分比数字表示，然后按照比例填入第二个圆形之中。

调整方向：比较两个饼图之间的差距，反思一下自己的现状，确定自己要努力的方向。这种现实与未来的对比，能够帮助你对未来的目标形成更清晰的认知，通过足够的时间来慢慢改变，达到自己理想的平衡状态。

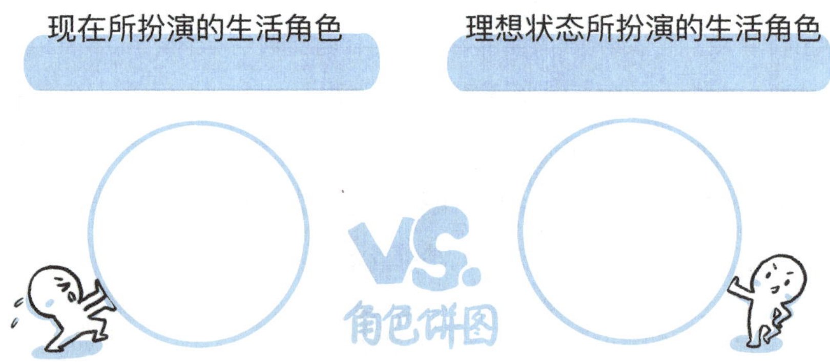

在一般情况下，我们会画出两个饼图，第一个饼图标注当前各种生涯角色所占的比例，是现实状态；第二个饼图标注理想中各种生涯角色所占比例，是理想状态。通过这两个饼图的直观比较，引发思考，认识当前的问题和未来的方向，从而能够有针对性地进行调整。

杨镇瑜

DISC国际双证班第19期毕业生
冕宁小叮当童真幼儿园园长
凉山世慧教育咨询有限公司创始人
儿童游戏化研究员

5. 亲子活动——父母和孩子一起成长

每一个人的心里都有一个梦想，这个梦想指引着我们不断进取，勇往直前。我也有一个梦想，我的梦想是努力缩短家乡四川大凉山与大城市的教育差距，让家乡的孩子在家门口就能享受到优质的教育。为了这个梦想，我毕业后就到广东工作，一边学习，一边积累经验，希望有朝一日学有所成，回乡兴办教育。

通过不懈的努力，我从普通的技术员一直做到公司的培训经理。2016 年，我毅然辞职回乡创办了一家自己的培训机构。在做培训机构的过程中，我发现很多成绩不好的孩子并不笨，而是他们早年的基础能力没有培养好，比如专注力和创造力。于是我开办了一家幼儿园，打算从最基础的部分开始，培养孩子的各项能力。

在幼儿的成长过程中，陪伴是非常重要的，陪伴的方式更为重要。在幼儿园工作时，我发现有些家长没时间陪孩子，有些家长有时间陪孩子却不知道该如何陪伴。接下来，我将从爱的陪伴，亲子活动设计原则，基于培养孩子的表达力、创造力、专注力、逻辑力的亲子活动设计，不同性格的父母在亲子活动中的注意事项等几个方面和大家分享。

爱的陪伴

父母在陪伴孩子成长的过程中，以适当的方式回应孩子所发出的信号，尤其是无助时的信号，对孩子来说是很重要的。父母的态度是孩子最期待的，是孩子内心形成承受能力的基础。如果孩子在表达自己的需求时，得到恰当的回应，他(她)会意识到自己是被关爱着、被重视着的，就会不断地建立自信心。

有研究发现孩子所处的情感氛围(孕育期及出生后的最初几年)与大脑相应部位的发育程度之间有着非常直接的关联。充满关爱的环境(包括人际关系的质量与氛围，安全感，信任感)，决定着大脑生长发育的潜力，优质陪伴的环境构成了让孩子大脑得以完善发育的基本条件。

有许多家长问我，孩子为什么总有害怕的感觉，有时候做事不够自信、胆怯。解答这类问题的时候，我一般先会问家长，对孩子的陪伴有多少，是父亲多，还是母亲多，或者是双方老人长期带孩子。作为孩子的父母，在孩子成长过程中扮演着不同的角色，父亲更多的是帮孩子建立信心，作为孩子可以依靠的坚强臂膀，而母亲更多的是给孩子温暖、体贴、细心的呵护，所以父母的角色是完全不一样的。

既然陪伴这么重要，我们如何才能更好地陪伴孩子呢?

其实陪伴可以分开来解读，一是陪，父母陪孩子做适合孩子年龄的事情；二是伴，父母和孩子在一起，不仅需要为孩子的发展提供支持，也能通过与孩子的互动，伴随孩子学习成长，并实现父母的自我成长。亲子陪伴最好的方式就是与孩子一起参加亲子活动，但不是所有的亲子活动都适合孩子，作为父母如果懂得如何策划好的亲子活动，那就能给孩子高质量的陪伴。

亲子活动设计原则

在设计亲子活动的过程中，我们要注意以下几个原则：

有的放矢

我们不是随便设计一个与孩子一起玩的活动就算完成任务，还要预设这种活动是有效果的，最好是能够培养孩子某一方面的能力，比如语言表达能力、专注力等。只有当我们把设计活动的目标和方向确定之后，围绕这个目标所设计出来的亲子活动才有意义。

例如，我们小时候都玩过一个打“反斗圈”的游戏，两个人玩，谁先把对方的反斗圈打翻面，谁就赢了。在这个活动过程当中，如果我们一味地闷头去打，就会毫无意义，但如果我们能够教孩子通过观察地面的平整情况再进行游戏，就能让孩子在玩的过程当中锻炼观察能力。

共情联结

好的亲子活动一定是有共情联结的。试想一下，如果我们设计了一个活动，孩子玩孩子的，家长玩家长的，孩子玩几下就没兴趣了，家长在不在都没有什么区别，就无法达到亲子互动交流感情的目的。

所以，设计活动的时候，首先，我们要关注孩子的兴趣点，孩子的兴趣就是我们的兴趣，这样孩子才能与我们一起去完成一些亲子活动。其次，多运用开放式的问题，然后放缓讲话的节奏。最后，当孩子回答的内容和我们设计的课程内容有冲突的时候，我们不要过早做出评判，一定要关注孩子的感受，与孩子同频共振，关注孩子所关注的地方。在解决问题的时候，以孩子为主、大人为辅。

能力匹配

好的亲子活动一定是和孩子当下所具备的能力所匹配的。如果孩子还不会跑，我们就要求他跳；如果孩子听都有问题，我们就要求他说，这都是不对的。

我记得有一次和我家一岁多的宝贝互动的时候，我让他把球传给我，孩子却站在原地一动不动，我才想到原来他还不懂什么叫"传"。如果孩子对我们的指令或者规则都理解不了，也就无法要求孩子按照我们所设计的规则来参与亲子活动，这种亲子活动一定是失败的。

可迭代升级

我们在设计一个活动的时候，还需要考虑活动的迭代和升级。就拿锻炼语言表达能力来说，孩子在不同年龄段的培养目标也是不一样的。幼儿园的小朋友可以参考《3—6 岁儿童学习与发展指南》，比如 3 到 4 岁的孩子需要实现的语言目标：一是别人对自己说话时能注意听并做出回应，二是能听懂日常会话；4 到 5 岁孩子的语言目标：一是在群体中能有意识地听取与自己有关的信息，二是能够结合情境感受到不同语气、语调所表达的不同意思，三是方言地区和少数民族幼儿能基本听懂普通话。所以，我们在设计亲子活动的时候，应该根据孩子不同年龄段的特点进行迭代升级的设计，让孩子们不断提升自己的能力。

以上就是设计亲子活动需要注意的四大原则。下面我们就带着这四个原则，以培养孩子的四种能力为目的，一起来看一下案例吧。

表达力亲子活动设计

在与大家谈论儿童语言表达力之前，我想先让大家思考一个问题，我们是从什么时候开始讲话的，我们刚开始讲话的时候，所用的语言都是父母教的吗？带着这个问题，我们一起来看下面这个例子。

有一天，我喂一岁多的儿子吃午饭，在他的饭里我拌了鸡肉。吃着吃着，儿子突然对我说："爸爸，我的牙'卡着了'。"我刚开始没有反应过来，儿子又接着说："爸爸，我的牙'卡着了'。"我这才反应过来，原来是有鸡肉塞在他的牙缝里了。当时我就觉得很奇怪，我从来没有教过他，他是怎么知道东西塞牙是卡着了？后来我才知道，他是通过日常的观察和听学会的。

所以，我们一定是在听的量够多的时候才会说的。我们刚生下来的时候，不会说话，听大人说多了，慢慢积累了一定的词汇量之后，我们突然就会说话了。如果说听是输入的话，那语言表达就是输出。输入量足够的时候，我们才能很好地输出。明白了这个道理，我们在设计语言表达力的亲子活动的时候就有方向了。

绘本阅读是目前儿童学习语言的最好方式之一。很多绘本都是以图为主，文字很少，孩子看着图画就能理解绘本的主要内容。下面我就以阅读绘本《魔法亲亲》的亲子活动为例，教大家如何设计培养表达能力类的亲子活动。

首先，我们一起来看一下这个绘本的主要内容：

小浣熊奇奇不愿意去上学，因为他不愿意离开妈妈去一个陌生的环境，妈妈向他保证，他一定会喜欢新学校，并告诉他一个秘密："魔法亲亲"。妈妈在奇奇的掌心印上一个吻，这样每当奇奇在学校感到孤独的时候，只要用掌心轻触脸颊，妈妈的吻就会温暖他的心，他就不会再感到孤独和害怕了。

那天奇奇去上学，他在妈妈的掌心也印下了一个吻，好让妈妈在想他的时候，也可以感受到这“魔法亲亲”。说完“再见”和“我爱你”之后，奇奇蹦蹦跳跳地离开了，妈妈把手掌贴在脸颊上，忍不住露出了微笑。

看完后，大家应该对这个绘本有所了解了。接下来我们讲一讲怎么做。

保证有效的输入

我们可以通过让孩子先听我们讲，不用看绘本，讲完问一问孩子一些关键的问题，然后再让孩子带着没回答出来的问题去看图。比如，讲完了我们可以问孩子，故事里面有几个人物呀？什么是“魔法亲亲”？如果孩子听完故事后不知道，就可以让他先听问题再看图，然后再问；如果孩子还是不知道，那我们就可以让孩子边看边听我们讲以获得答案。

多方式的输出

当孩子对故事的答案有了清晰的了解之后，我们就可以让孩子看图并给我们讲故事，然后再把书合上讲故事。当孩子记不清的时候，可以给孩子一些小提示。当孩子能很好地讲出这个故事之后，我们就可以和孩子一起做角色扮演游戏了，还可以加强孩子语音语调的训练。

故事创造

当孩子具有一定的语言表达能力和想象力的时候，我们就可以让孩子运用绘本里的角色编一个故事出来，讲给我们听。在设计绘本亲子活动的过程中，我们一定要注意绘本的难度和孩子的理解能力，参考《3—6 岁儿童学习与发展指南》来选择适合孩子的绘本。

为保证孩子有足够的语言输入量，我们可以给孩子买一个音响，平时给他们放一些有趣的儿童故事、儿童歌曲或者诗歌。我家孩子特别喜欢听歌曲，有一段时间特别喜欢听郭兰英老师的《我的祖国》。上次带他去重庆玩，在嘉陵江边他居然自己就唱起了“一条大河波浪宽，风吹稻花香两岸”。所以当语言输入足够的时候，孩子会自然而然地表达出来。

最后和大家分享一个锻炼孩子语言表达能力的小游戏，那就是“猜猜猜”。游戏开始前，我们需要准备一些画有物品的卡片、双面胶和发夹。父母和孩子各领取一张卡片，然后把卡片黏在发卡上并戴在对方头上，父母和孩子只能看到对方头上的卡片，无法看到自己头上的卡片。当大家都把卡片戴在头上的时候，就可以通过向对方提问的方式来猜自己头上戴的卡片的内容。这个活动可以根据孩子在不同阶段需要学习的词汇来变换卡片上的内容。

创造力亲子活动设计

探求未知规律和原理的科学家、塑造不朽光辉形象的文学家、发明设计新产品的发明家以及在各行各业中有所作为的人，都是创造型人才。要成为这样的人，必须具备创新精神和创造性地解决问题的能力。由此可见，从小培养孩子的创造力多么重要。

下面我为大家介绍两个培养孩子创造力的亲子活动。

第一个活动："找共同点"。举个例子，我们可以问孩子：玻璃杯和玻璃窗有什么共同点，他（她）可能会说：都是透明的，都是玻璃做的，都是人类加工的。我们还可以继续追问他："还有吗？"也许孩子会继续说：都容易打碎。如果他（她）的回答超出了我们的想象而且又有道理，不妨表扬一下他（她），鼓励他（她）继续联想。当孩子回答得差不多了，实在想不出了，我们再将其他答案告诉孩子，以增强他（她）的联想能力。

当然也可以让孩子向我们提问，最后我们和孩子比一比谁说出的答案多，说得又对又多的获得胜利。获得胜利的一方可以让输的一方做一件事。这样这个活动既有趣味性，又有竞争性，在锻炼孩子创造能力的同时还能增进家长与孩子之间的感情。

第二个活动："你一笔我一画"。父母和孩子各拿一张白纸，在白纸上画画，计时一分钟，都不许看对方在画什么。一分钟后，大家再看看对方画的是什么，但不许说话交流，只能默默地为对方增添笔画，并完成对方的画作。完成后交给对方，看看自己画的是不是对方想画的东西，最后还可以把两张图拼在一起，让孩子继续构思完成整幅画作。

除了以上两个活动，我们还可以借助哪些玩具来完成我们培养孩子创造力的亲子活动设计呢？下面给大家提供5 类玩具。

模型玩具，如娃娃屋、玩具食物、迷你人物等。这些玩具可以帮助孩子以崭新的方式去尝试不同的组合。例如，他们可以用玩具食物做出新的菜肴，而玩具人物和娃娃屋则可以帮助他们了解社会情况、进行人物之间的互动、建立自己的故事。

搭建类玩具，如 Lego、积木、砌图、橡皮泥等。这些玩具让孩子以自己的方式去解决问题。孩子必须靠自己的策略去完成砌图和创造新的东西。积木和橡皮泥的好处在于易于拆解，让孩子随时可以拆解他们的作品，重新开始。

艺术类玩具，如鼓、钢琴、万花筒、彩色笔、蜡笔、织布等。孩子可运用艺术类玩具以视觉艺术、声音等方式自然地表达他们的想法。艺术创作也可以帮助孩子表达抽象的想法和调节他们的情绪。例如，孩子可自由地跟随音乐舞动，并加入声音、动作，或运用丝巾等材料辅助舞步，尽情地发挥他们的创意。

运动类玩具，如球。活跃是孩子的天性，积极参与运动可以训练他们的活动能力，包括滚动和旋转球等，他们也可以学会运用身体语言来表达自己。

科技类产品，如视听播放器等。使用科技类产品能刺激孩子的感官，他们可以通过使用视听播放器模仿说话、唱歌和锻炼听力。使用信息技术能让孩子更快地获得新信息及迅速找寻数据。

专注力亲子活动设计

专注力，也就是注意力，指专心于某一事物、动作的心理状态。通俗来说，如果把大脑比作一个房子，那么注意力就是房子的门。所有要进入大脑的信息，都要通过这道门。

专注力差的人，这个房门就很小，能进入大脑的信息就非常有限；而专注力好的人，房门很宽敞，可以让大量的信息涌入。只有专注力好，孩子才可能注意并接收到更多的外界信息，然后把这些信息传递到大脑，也才能记忆、想象和思考。

那专注力又与哪些因素相关呢？

与年龄有关

专注力与年龄有关，因为不同年龄段的大脑发育程度不同。下面我们一起看一下年龄与专注力的对应关系，1 岁以下的婴儿不超过 15 秒，1—2 岁 1 分钟左右，2 岁约 7 分钟，3 岁约 9 分钟，4 岁约 12 分钟，5—6 岁约 15 分钟，6 岁以上逐步由 15 分钟过渡到 30 分钟，并随着年龄的增长而增长。所以我们不应该在孩子比较小的时候，强行要求孩子增加专注力的时间。

与内在动机有关

美国心理学家 Edward L. Deci 与 Richard Ryan 在 1970 年提出了“自我决定理论”(self－determination theory)，这套理论从人性心理需求的角度分析总结出，人如果持续有动机去做一件事情，必须同时满足三大心理诉求：自主感（autonomy）、胜任感（competence）、需要感（relatedness）。而专注力就是需要我们专心持续地做一件事情，当这三大心理需求都得到满足的时候，我们就能保持专注力。

与外部环境有关

外部环境的刺激和干扰越少，我们就越容易提升专注力，比如把孩子放在一个开着电视或者满是糖果的房间里，就很难强迫他专心读书。所以想要孩子集中注意力，我们可以用物理方法，给孩子营造一个没有过多刺激的环境。具体操作方法其实很简单，就是先把他的房间收拾好，把影响孩子注意力的物品收起来。

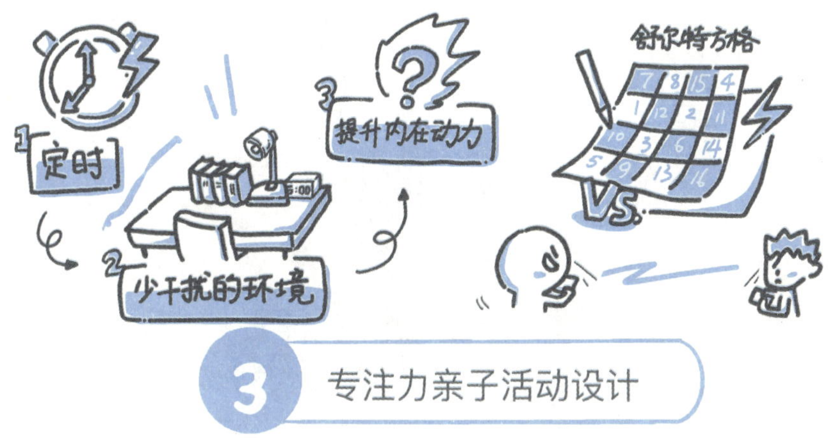

3 专注力亲子活动设计

如何进行培养专注力的亲子活动设计？首先，我们的活动要有时间限制。为什么要有时间限制呢？假如活动没有时间限制，大脑就不会有紧迫感，当做事的速度跟不上大脑的速度时，大脑就会走神，达不到专注效果。举个例子，大家都有做过听力试题，要是我们的注意力不集中，其实很难听清我们试卷上的问题。所以做听力练习的时候，我们可以使用从慢速到平速，再到快速的方式播放听力练习材料，当我们能在快速播放时听懂，到了考试播放平速的听力材料时，我们就更没有问题了。

理解了以上内容，就能很好地设计出相应的亲子活动，由于保证专注力需要比较安静的环境，所以我们在设计亲子活动的时候，可以采取家长计时、孩子来练习，孩子计时、家长来练习的方式。

举一个例子，首先我们在一张白纸上画5×5的小方格，然后在这些方格里面随机填入 1—25 这 25 个数字。填好后，参与者开始从 1 边指边数，数到 25 为止。在这个过程中，我们需要注意眼到、嘴到、心到。孩子与家长轮流数，看看谁的用时更少。

第一次比的时候，我们可以稍微让着一下孩子，不要让差距太大，让孩子有成就感。如果孩子的专注力提升了，我们还可以适当地输一两次，然后问问孩子是如何做到的，给我们支支招，让孩子有需要感，这样孩子会越来越有兴趣。

逻辑能力亲子活动设计

逻辑包括形式逻辑与辩证逻辑。少儿逻辑思维主要侧重于形式逻辑，即归纳逻辑与演绎逻辑，比如：抽象与概括、分析与综合、归纳与演绎、对比（求同、求异）、因果推理。

逻辑思维能力是天生的吗？麻省理工学院认知学家劳拉·舒尔茨教授曾经做过一组实验，实验结果证明人类从婴幼儿时期就有逻辑思维能力。劳拉教授认为，婴儿在出生后的第二年，会利用少量统计学数据，决定如何从两种不同的基本策略中做出选择，归纳总结并得出结论，然后采取求助或者继续探索的方法。

了解了逻辑思维与其是在什么时候产生的还不够，我们还要了解孩子的大脑逻辑思维发展的三个阶段，以便在不同的时间窗口使用不同的方法来设计有效的亲子活动。

动作思维阶段

不到 3 岁的孩子以动作思维为主，思维在动作中进行。孩子最初的动作往往是杂乱无章、漫无目的的，在不断的操作过程中了解动作与结果之间的关系。

在这个阶段，我们可以设计指令性的亲子活动，如亲子传球或者带宝宝去开电灯开关、电视机开关等。在这个过程中，让孩子认识动作与结果之间的逻辑。

具象思维阶段

3—6 岁的孩子具体形象思维占优势。在做计算时，用具体的物品，如苹果、糖果或者小动物来举例，孩子就容易理解；而用数字加减，他们就可能反应不过来。

在这个阶段，我们可以尝试用具体的事物来引导他们锻炼逻辑思维，比如，用具体的积木拼搭比直接拿一幅建筑图给他们看更有利于孩子理解。所以我们可以设计搭积木的亲子活动，与孩子一起搭建具体的东西，比如城堡、桥梁、汽车等，在这样的亲子活动中，家长应该起到引导和陪伴的作用。

抽象思维阶段

6—8 岁则是培养孩子抽象逻辑思维能力的关键时期。在这个时期，可以对孩子进行一些抽象的用数字表示的计算训练，或和孩子玩一些用文字描述的逻辑游戏。我们可以运用扑克牌来设计亲子活动，比如开火车的游戏、比大小的游戏，也可以买一些逻辑培养的书，通过听故事排列故事图片的方式来锻炼孩子的逻辑思维能力。

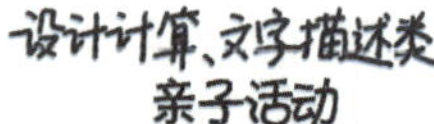

逻辑能力亲子活动设计

父母陪伴注意事项

我们把亲子活动设计好之后，需要做的就是和孩子一起参与活动。在进行亲子活动的过程中，有很多需要家长们注意的地方。

人与人是不同的，父母也一样。根据 DISC 行为风格理论，不同特质的父母在陪伴孩子做亲子活动的过程中，需要做出不同的调整。

D 型父母

他们的共同特点就是目的性强、掌控欲强、情绪容易激动。对于这类父母来说，首先要学会放下权威，与孩子保持平等的姿态。这样孩子在整个活动中，才不会感受到来自父母的压力，能够轻松地在环境当中与父母互动。

I 型父母

他们的共同点是热情澎湃，情绪来得快去得也快，肢体语言和动作会比较夸张。在活动过程当中，他们经常容易独自玩得很开心，忽视孩子的感受，也容易忽略原有的活动规则或目标。I 型的父母需要以身作则，回归亲子活动的设计初衷。

S 型父母

他们的共同点是做事有耐心，但比较拖拉、缺乏活力。在活动过程中，S 型父母容易有同理心，站在孩子的角度去看待整个活动。在活动过程中，孩子的情绪发生变化，或者说孩子的注意力有变化的时候，S 型父母需要重视这些变化，慢慢去引导孩子。

C 型父母

他们比较注重逻辑，注重细节，注重整洁，喜欢每一步都是按照规律或者事先约定好的规则来进行。在亲子活动中，孩子有些时候会按照自己的兴趣去参与，不一定会按照父母设计好的规则去做，这个时候，C 型父母一定要学会变通，及时调整活动策略，千万不要因为过分追求活动的细节和完美而忽略孩子的感受。

作为父母，应该吸收更多知识的养分，让自己长成参天大树，再把知识转化为孩子能接受的养分。其实，设计亲子活动的过程，就是我们把知识的养分转化后传递给孩子的过程。让我们一起策划出好的亲子活动，和孩子一起成长吧！

妍妍

DISC国际双证班第74期毕业生
国家因材施教指导师
国家二级心理咨询师

6. 因材施教
——让孩子的天赋插上梦想的翅膀

“你命真好,孩子听话,学习又好,学什么像什么样。”

“你看我们家的,怎么说都不听,语文、英语不好就算了,数理化也不好,以后选什么专业好呢?唉,别提多烦心。”

“我们家孩子天天只知道打篮球,这有什么用?”

以上类似的话,父母们都曾听过或者说过。随着孩子成长,面临升学、选专业的人生交叉点时,父母面对这些问题更加突出。为人父母,孩子出人头地始终是我们最大的理想。

这些年有句话常被说起："不要让孩子输在起跑线上。"人生到底是短跑还是马拉松？人生更像一场马拉松，对于孩子来说，真正的起跑线到底在哪里呢？答案是——在父母这里，孩子的起跑线就是身为父母的我们，父母的养育方式决定了孩子的起跑状态。懂孩子的父母，将是孩子赢在起跑线上的重要帮手。

孩子就像一颗种子，我们要知道这颗种子是花种子、树种子还是草种子，我们才知道它将来会不会开花，会不会结果。我们还要了解一下这颗种子需要什么样的种植方法，需要施多少肥，浇多少水，是多晒太阳还是少晒太阳。

有的人直到孩子成年了，才发现原来自己的养育方法一直是错的。我们貌似懂爱，却在不停地做着伤害孩子的事。我们往往以为我们给孩子的就是最好的，但给的不一定是孩子想要的。我们小心地保护孩子，以为是为他(她)遮风挡雨，殊不知，孩子需要阳光和氧气，只有你放他(她)去风雨中历练，他(她)将来才有可能成材。

父母最需了解的瓦拉赫效应

作为母亲，我一直在探寻如何可以成为更真实的、更好的自己，从而能更好地辅助孩子成为更优秀的他。在这个过程中，我发现有一个心理学效应是父母最需要了解的，这就是著名的瓦拉赫效应。

瓦拉赫效应与德国有名的化学家、诺贝尔化学奖得主奥托·瓦拉赫的成长故事有关。他在读书的时候，家里人都希望他成为文学方面的人才，把他送去学写作，但是老师认为他在这方面不会有太大的成就。后来家里人又让他学习油画，但是学校给出的评语是他在绘画方面没有才能。这时，他的父母开始有些绝望了，但是幸好他的化学老师认为，他做事情比较认真专注，能沉下心来，具备一定的潜质，学习化学于他而言是比较好的选择。后来，瓦拉赫就开始学习化学，结果他在化学领域大放异彩，在22岁的时候就获得了博士学位，后来甚至获得了诺贝尔奖。

通过瓦拉赫的成长故事，你会发现每个人的发展都是不太平衡的，都有着自己的强项和弱项，只有找到自己的强项，才能得到更好的发展，并且获得更好的成绩，这就是瓦拉赫效应。

瓦拉赫效应主要看重个人的能力，并且强调扬长避短。大家不要因为某个方面不擅长就开始自我否定、妄自菲薄，也不要因为其他人的贬低而失去信心，而要在不断寻找中发现自己的最佳方向。

大家应该选择适合自己的东西，并且打从心底去热爱并且坚持它，这样才能真正更好地掌控生命的维度，把所有的力量都放在追求正确目标上面。

最好的医生辩症治疗、对症下药，最好的教育因人而异、因材施教。

因材施教的重要性

对于因材施教，人民教育家陶行知先生认为，培养孩子要像园丁一样，首先要认识他们，发现他们的特点，而予以适宜之肥料、水分、太阳光，并须除害虫，这样他们才能欣欣向荣，否则不能免于枯萎。他还说："培养、教育人和种花木一样，首先要认识花木的特点，区别不同情况给以施肥、浇水和培养教育，这就叫'因材施教'。"

从陶行知先生的比喻中可以得知，因材是施教的基础和前提，要想做好施教，首先必须要做好因材，那么这个因材施教中的"材"究竟是什么意思？简而概之，这个"材"就是资质，而资质的内涵，我们可从两个方面来解读。

一是指学生的先天禀赋，它包括先天智力、先天气质、性格特点、优势智能和优势倾向等。

二是指学生的后天性格，它包括行为特质、习惯习性和生活观念等，是在后天环境中所形成、可被直接观察的那一部分性格特征。

遗传基因学、脑神经科学、心理学等学科研究都已经证实，世界上没有两个完全一样的孩子，即便是双胞胎，也分别是独一无二的个体。学生们的先天禀赋是千差万别的，这是由于遗传基因以及客观环境的不同所造成的。

如何实施因材施教

那究竟如何实施因材施教呢？我们要先发现孩子的优势，了解孩子的特点，再放大孩子的优势。

发现孩子的优势

在日常生活中，大家有没有发现以下这些情况？

有些人善于记忆，电视、广告词都能记得一清二楚；

有些人方向感好，很会看地图；

有些人见谁都是好朋友，天生的自来熟、交际高手；

有些人体育运动特别好，学习新的体育项目特别快；

有些人歌唱得特别好，还无师自通；

有些人喜欢表演，编故事更是精彩；

有些人天生就是演说家。

每一个人都有自己的天赋，问题是天赋如何发现呢？多元智能理论可以帮我们解答这个问题。

多元智能理论是由美国哈佛大学教育研究院的心理发展学家霍华德·加德纳

(Howard Gardner)在1983年提出的。加德纳在研究脑部受创伤的病人时,发现他们在学习能力上的差异,从而提出本理论。传统的教育主要强调学生在逻辑——数学和语文(主要是读和写)两方面的发展,但这并不是人类智能的全部。不同的人有不同的智能组合,例如:建筑师及雕塑家的空间感(空间智能)比较强、运动员和舞蹈演员的体力(肢体运作智能)较强、公关人士的人际智能较强、作家的内省智能较强等。

加德纳认为过去对智力的定义过于狭窄,未能正确反映一个人的真实能力。他认为,人的智力应该是一个量度他的解题能力(ability to solve problems)的指标。根据这个定义,他在《心智的架构》(*Frames of Mind*, 1983)这本书里提出,人类的智能至少可以分成7个范畴(后来增加至8个):

①语言(Verbal/Linguistic)
②数理逻辑(Logical/Mathematical)
③空间(Visual/Spatial)
④身体-运动(Bodily/Kinesthetic)
⑤音乐(Musical/Rhythmic)
⑥人际(Inter-personal/Social)
⑦内省(Intra-personal/Introspective)
⑧自然探索(Naturalist)

我们借助多元优势智能测评工具,可以了解孩子的天赋,为孩子的天赋插上梦想的翅膀。

了解孩子的特点

都说龙生九子,各不相同,每个孩子生来就是不同的。每个孩子天生带有不同的性格和特质,关键是作为父母的我们是否真的了解他们。

从性格方面来说,孩子一般可分为四种比较常见的类型:认知型、模仿型、逆思型、开放型。

认知型的孩子

有时会让家长比较烦心，因为他们会“为什么？为什么？”不离嘴。凡事都要搞个明白，不撞南墙不回头。以自己发现、领悟为主，主观意识比较强，较有自己的想法，决断力也很强。这样的孩子特别有领导力，目标明确、个性独立、执行力强。

模仿型的孩子

历史上比较有代表性的人物就是孟子。孟母三迁的故事，大家都已经耳熟能详了，这个故事同时也告诉我们，对于模仿型的孩子，外界环境对他们的影响有多大。模仿型的孩子可塑性非常高，但一定要给他们好的环境。

模仿型的孩子，主见略微差些，常会出现“选择困难症”。小时候，妈妈可以协助孩子去做选择，可以从有限选择开始，慢慢让孩子模仿，当孩子内化成自己的能力时，他们也就具备了做决策的能力。

逆思型的孩子

逆思型的孩子的思维方式是与众不同的，却常被误认为是叛逆、另类的，尤其在学校，经常不受待见。对于这类孩子，作为父母的我们要有更多的耐心，接纳孩子特别的行为和语言。

开放型的孩子

他们学习的时候就像海绵一样，有非常强的学习能力，但外界的刺激和环境尤其重要，所以父母要多关注孩子，多让他们学习一些东西。

家长不仅仅要懂得孩子的性格，还要从不同方面了解孩子。比如大家最关心的学习，在同样的环境里，每个孩子的学习效果却不一样。学不好，也许并不是孩子的错，可能只是因为我们不了解适宜孩子的学习方法。

每个孩子的学习方法是不同的，大体分为三种：听觉型、体觉型、视觉型。用对了方法，事半功倍，孩子学习也轻松，成绩自然好；用的方法不对，孩子学着累，效果还不理想。

听觉型的孩子

听觉型的孩子耳朵特别灵敏，对音调、声响、语音、语言等印象比较深刻，他们喜欢用语言、语音、音响来了解和记忆。因为他们对声音特别敏感，所以环境中的声音容易影响他们的专注力。比如孩子在自己房间里写作业，客厅的电视声音并不大，他都能把电视内容听得一清二楚，他看上去是在写作业，其实是在走神听电视。当然，好的声音同样可以对他们产生积极影响。

体觉型的孩子

同样是讲一个故事，听觉型的孩子可以安静地听，但体觉型的孩子最好用互动的方式，用玩中学、学中玩的方式，他们更喜欢用角色扮演的方式读书中的故事。他们愿意用参与和亲自试验的方式去学习，动手操作是一种很好的方式。

视觉型的孩子

他们倾向于用所看到的事物来学习和记忆，对图像、线条、颜色、文字等有深刻的印象，他们的分辨力和专注力都非常好，空闲时可让他们多涂涂写写、画画或看书。一目十行的孩子大部分是视觉型的孩子。

放大孩子的优势

许多家长朋友问，孩子从什么时候开始因材施教好呢？虽说任何时候开始都不迟，但我真心认为越早越好，从出生就可以开始，当然从优生优育的角度看，从怀孕开始更优。

结合脑神经学和营养学，从大脑神经元的发展阶段来看，0—3 岁是髓鞘化时期，这时候孩子以多看、多听、多接触为主，主要刺激视听触（我们称为输入渠道）；4—8 岁称为网络化时期，需要孩子用心看、用心听、用心触，进一步强化视听触；9—16 岁是系统化时期，这时孩子的视、听、触都需要进一步内化，内化于心、外化于行。

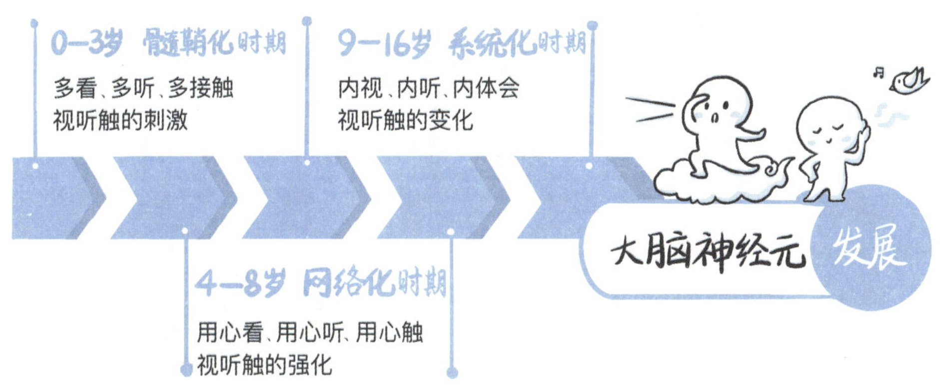

作为家长，我们需要从了解孩子的优势、弱势开始，对他的情绪、行为模式多多包容，然后支持孩子成长，我们可以像绘本《安的种子》里所提到的安对待种子一样，等待孩子成熟与成功。当然这里的成功不一定是人们常说的物质成功，这里的成功指的是孩子成为自己该有的样子，你会期待孩子这样的成功吗？

为孩子的天赋插上梦想的翅膀，方法归纳起来就是：顺势而为，帮孩子找到事半功倍的学习方法，让孩子在自信中成长。作为父母的我们，也要陪伴孩子终身成长，让我们成为因材施教的好教练。

助力 孩子的成长

了解

- 特质

理解

- 优势弱势

包容

- 情绪
- 行为模式

支持

- 独一无二

等待

- 成功
- 成熟

第二章

口才与表达：

做一个会说话的人

毛辰琛

DISC+讲师认证项目 A0期毕业生
保险经纪人—高级个人寿险
员工福利规划师
Toastmasters国际演讲俱乐部成员

1. 自信表达
——每个人都可以成为公众焦点

表达力也是影响力，无论是打造个人影响力、团队影响力，还是企业影响力，都要求我们可以做顺畅、自信、能够激励和调动别人情绪的公众演讲。这样的演讲，就需要我们持续抓住现场人员的注意力，成为公众的焦点。

然而，对于很多人来讲，做公众演讲非常困难。大多数人在没有经过训练之前，在做公众演讲时都会很紧张。事实上，公众演讲有时候确实很可怕，但想要战胜恐惧，唯有带着恐惧上路。

怎样提高公众演讲力，做一个自信的表达者？我们可结合 DISC 理论，从以下四点来训练。

D：确认演讲目标，找准主题。

C：搭建逻辑框架，论据支撑。

I：活用表现方式，抓住注意。

S：现场建立联系，持续练习。

运用 D 特质，确认演讲目标，找准主题

确认演讲目标特别重要，它可以帮助我们梳理演讲中需要包含的信息、如何组织表达，也便于演讲后的复盘。当确认了目标，组织演讲就有迹可循，我们也会更自信，从而使演讲更有说服力，更有激情。

演讲目标分为**总体目标和具体目标**。这两个目标都是需要我们在准备开始一次演讲之前确立下来的，但它们的用处不尽相同。总体目标更多是演讲前确立演讲的意图，而具体目标更多是应用于演讲后复盘确认有没有达到预想的效果。

演讲的意图可以分成四种：信息型、劝说型、娱乐型、激励型。

信息型：演讲的目的是给听众传达新的话题和技巧，或者是让听众进一步了解某个已知的话题。讲座、发布会、演示大多是信息型演讲。

劝说型：劝说型演讲致力于改变听众的态度或者行为，或者劝说听众认可演讲者的观点。例如销售或者竞选类的演讲，就是劝说型演讲。

娱乐型：这种演讲的目的就是为听众提供乐趣，例如幽默演讲或者脱口秀，甚至相声都可以算作娱乐型演讲。

激励型：激励型演讲想要让听众树立并实现某些崇高的目标或理想，或者挖掘他们的潜能。这种演讲往往煽动情绪、引人振奋，比如就职演说、誓师大会等。

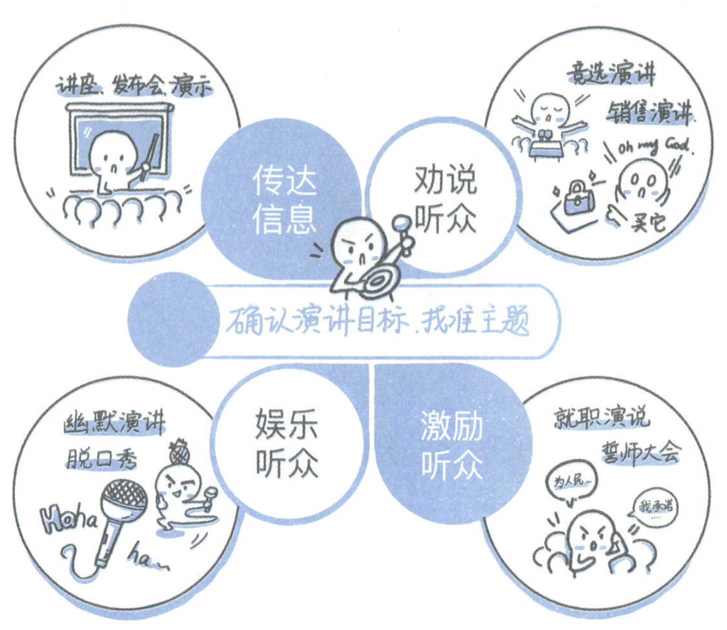

需要特别提示的是，很多演讲，特别是长时间的演讲，往往包括多个目标。举个例子，某品牌新产品的发布会，首先需要向听众传递新产品的信息，例如采用了哪些新技术，搭载了哪些新的程序，实现了哪些新的功能。同时更重要的是，演讲的目的是希望听众去购买这个产品，所以这个发布会同时具备传达信息和劝说听众这两种意图。

但无论哪种意图，都有可能内容范围设定过大，所以需要进一步设立具体目标。具体目标是一句话的陈述，表明自己希望在演讲中所达到的效果。有几点注意事项：

从听众角度出发

不是我让听众怎么样，而是听众通过我的演讲可以怎么样。例如，看完我的文章，读者能够了解如何做一次演讲。

目标要合情合理

通过学习我的文章，大家能够在 10 人左右的场合做 5—7 分钟的演讲，而不是马上做一次有上万人参与的演讲。

清晰简明，可以量化

把目标量化一下，就形成了我的具体目标：看完我的文章，读者能够了解如何应用 DISC 理论，在 10 人左右的场合做一场 5—7 分钟的演讲。

至此，可以给大家一些开启演讲的小建议：

先从 5—7 分钟的演讲开始

根据每个人语速的不同，大约需要准备 1000—1500 字的稿件，这相对而言比较简单；做好 5—7 分钟的演讲，也有利于自己提高控制时间的能力。

其实长时间的演讲往往是由多个 5—7 分钟的演讲所组成的，例如一场 30 分钟的演讲大概需要 5 段 5—7 分钟的演讲。可以设计为：第一个 5—7 分钟，可以自我介绍、提出观点、讲明主旨；接下来的 3 个 5—7 分钟，可以从不同方面、不同角度来论述观点；最后一个 5—7 分钟，可以激励听众，设立目标，确定行动方案。

初期只关注一个总体目标

5—7 分钟的演讲时间有限，很难有效达到两个甚至更多的目标，演讲提供的信息过多，听众也会感到吃力或困惑。

一定要利用具体目标做复盘

收集听众的反馈，通过与具体目标的对比，确认是否达到想要的效果。复盘时建议大家聚焦在已经成功的部分上，因为最初的演讲是我们建立信心的关键，这时候需要我们记录下自己已有的能力和优势。

当然只要大家敢于进行第一次公众演讲，我们就已经迈出了巨大的一步，因为第一步往往是最难的一步。

运用 C 特质，搭建逻辑框架，寻找论据支撑

确定了目标，选取了主题，我们就要开始调动 C 特质，帮助我们搭建演讲的逻辑框架，并且找寻合适的论据来支撑。

准备一篇演讲时，可以列出大纲，建议初期主要采取总—分—总的形式。

开场白，需要引人入胜，快速进入主题。我们可以用问问题、做游戏，甚至用音乐、舞蹈来迅速吸引听众的注意力。

正文部分，如上所说，可以应用 3—5 个论点以及分论点来填充内容、支撑观点。

结束语，需要回顾或总结想要传递的信息，或者号召、激励大家行动。

我们的演讲越具有逻辑性，听众就越容易接受我们所传达的信息，一篇条理清晰的演讲稿，可以让听众更容易理解，更易于记忆，更加可靠和有趣。

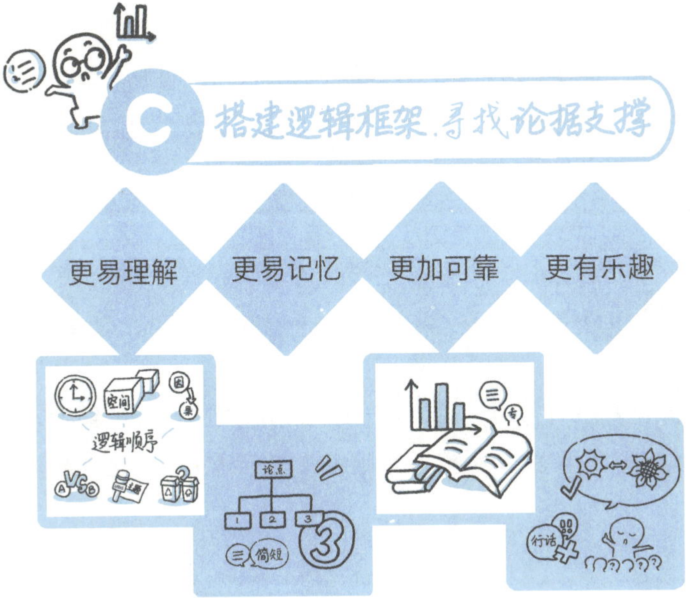

易于理解

可以选择不同的逻辑顺序来使演讲更易于理解，所选择的标准，取决于我们的主题和目标。例如：讨论职业发展的五个阶段，我们可以用时间顺序；如果要谈一谈家装布局的技巧，可能空间顺序更合适；等等。

易于记忆

建议大家一次只说3—5个事实或观点，也可以用一些分论点去做二级分解，分论点以不超过5个为宜。每个论点，都需要有支持材料。同时在行文表达的时候，更多地应用简短的词、句和段落。

更加可靠

每个论点都需要有支持材料，意味着传达的信息应更加可靠。我们可以运用多种形式，比如统计的数据图表、专业人士的言论或者意见、新闻事实，以及个人的案例等来证明我们的观点。

更有乐趣

演讲不能枯燥乏味，需要我们运用一些生动的描述细节的词句，使用比喻、拟人、夸张、排比等修辞手法，特别要注意避免一些行话、套话，这样才能使我们的演讲更有乐趣。

既然是演讲，当然既要有讲也要有演。所以接下来，我们调动I和S特质，帮助我们演绎演讲稿件。

运用I特质，活用表现方式，吸引听众的注意力

调动I特质，活用表现方式，吸引听众的注意力，主要包括两部分内容：肢体语言、语音语调。肢体语言可以增加我们稿件的表现力，语音语调可以吸引听众的注意力。

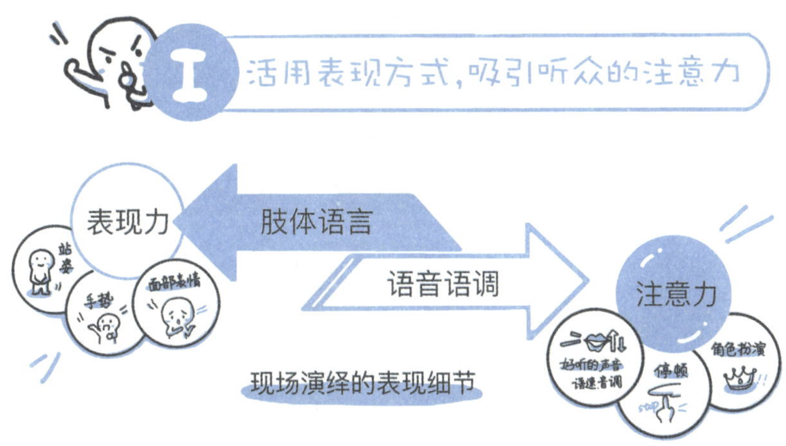

肢体语言方面

站姿在很大程度上会体现我们自信和自在的程度。如果我们双肩下垂，眼睛盯着地板，听众会觉得我们害羞、软弱；如果我们重心一直转移，无意识地晃动，就会显得非常不安和紧张。比较合适的站姿是笔直站立，双脚微开，这样会显得我们从容不迫、充满自信。

当我们从一处走到另一处，很容易吸引听众的注意力，也有利于我们表达稿件的内容。但一定要注意，在演讲期间，任何的动作都要有目的性，要避免随意地走

来走去，因为这样反而会分散听众的注意力。正确的移动应该是，在某个位置定点发表部分演讲，之后在转折或过渡的时候，横向移动两三步，站定在新的位置，继续发表演讲。当讲到需要强调的重点时，可以走向观众。

身体语言不仅仅局限于手部，也包括头、肩或身体其他部位。例如，快速地点头表示同意，用双手表示尺寸、重量、形状、方向等，或者通过双手的高低错落表示对比和比较。在做手势的时候要注意，尽量保持在手肘以上的位置，不要牵动身体，动作要坚定有力。如果场地大、人数多，动作幅度要大一些。

面部表情也非常重要，但也常常容易被忽视。如果我们正在描述一些可怕的场景，却不自主地点头微笑，听众就容易困惑，所以我们的面部表情必须与表达的感情或信息保持一致。面部表情使用可以帮助我们极大地带动观众的情绪，使观众与我们产生共鸣。

语音语调

声音是我们与听众之间的纽带，好听的声音会吸引听众的注意力。什么是好听的声音呢？声音既要让听众听清楚，又不至于过于尖利。语速也需要控制在合理的范围内，同时也要富于变化，需强调的或者比较复杂的地方，可放慢语速。音调也需要高低错落，不能一直保持单调的声音，可以用比较高亢的音调表示兴奋和激情，用低沉音调表示难过或忧虑。

演讲中恰当地使用沉默或者停顿，会使我们的演讲更具有感染力。特别是强调重点的时候，我们可以在说之前或者之后稍做停顿，引起注意，并给听众思考的时间。

运用 S 特质，现场建立联系，持续练习

I 特质更多的是关注演讲者自己的表现，而 S 特质可以帮助我们在现场与听众建立联系。我们可从眼神交流、互动和工具三个方面来加强练习。

眼神交流

眼神交流可以决定对方对我们的看法。大家可以回忆一下，在生活中有没有碰到过说话不直视我们的人，这时候你有什么样的感受呢？在大多数情况下，我们会怀疑对方对我们所讲的内容不感兴趣，或者不够诚实、有意闪躲，又或者是没有自信。

眼神交流也可以让演讲者与听众建立联系，我们可以通过眼神的交流来了解对方的感受。

要注意，使用眼神交流的时候，不要一直盯着一个人，目光停留的时间也不要过短。如果听众人数不多，建议照顾到每一位听众，保持 2—3 秒的眼神接触后再换下一位听众。如果人数过多，我们可以采取分区的形式与听众做眼神交流。

互动

演讲中还需要多使用互动的方式。互动可以分为问题式和行为式。

问题式是在演讲过程中抛出一些问题，请现场的听众解答或反馈，问题式互动可以让听众加入到演讲中来。

行为式是邀请或带领观众，与演讲者一同完成一些互动，例如在演讲中加入一

些试验、舞蹈、动作，或者邀请观众进行讨论。互动可以是演讲者与听众之间的交流，也可以是听众与听众之间的互动交流。

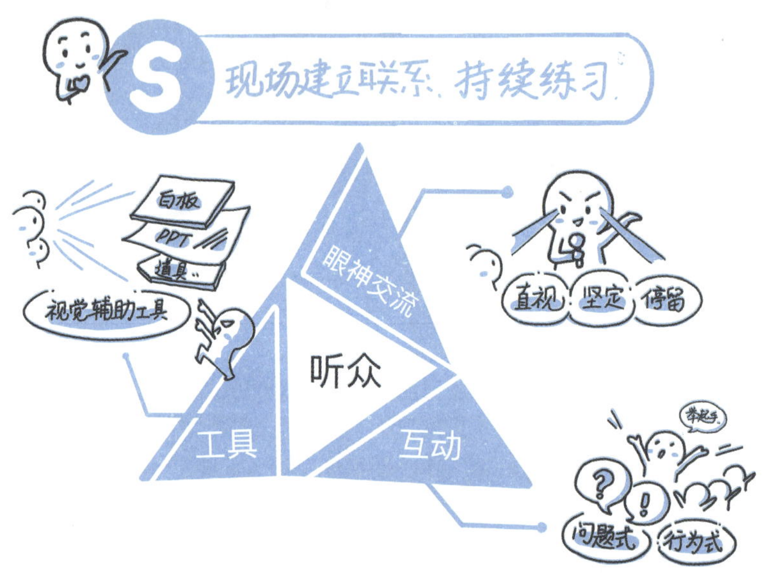

工具

我们在演讲中也要适当地使用视觉辅助工具，例如 PPT、白板、道具等。工具可以帮助听众更好地理解演讲内容，并加深记忆。

某一次演讲的成功或失败并不能用来评价演讲者。我们还需要持之以恒地练习：在每一次演讲之前做大量的准备和排练；在每一次演讲之后，及时复盘。

公众演讲是可以通过学习和练习得以提升的，只要敢于去做并学习一些技巧，我们就可以成为一个优秀的公众演讲者、自信的表达者。想要成为一个优秀的公众演讲者，就从一个 5—7 分钟的演讲开始吧。只要敢于表现，自信表达，你就是公众的焦点。

黄雨婷

DISC国际双证班第57期毕业生
敦敏教练星球合伙人
ICF认证PCC专业教练

2. 魔力语言——让每一次对话都充满能量

语言是人类传递信息的重要交际工具，是人们进行沟通的主要表达方式。语言是由语音、词汇、语法以及动作等组成的复杂的符号系统，人们借助语言保存和传递文明成果。

“舌头是身体最柔软的地方，却有非常强大的力量，就像最小的火能点着最大的树林。”善用语言，把恰当的话说在恰当的时候，是职场人士必须掌握的基本能力。

说说教练

开始进入正题之前，请允许我解释一下，什么是“教练”。

除了“健身教练”“驾驶教练”和“体育教练”，还有一种从心理学、管理学和时代发展中产生的“专业教练”。如果尝试用一句话来解释我所处的专业教练领域：“教练通过专业且深层的聆听和强有力的提问，搭建通往愿景的桥梁，从而唤醒个人和组织潜在的能量，促使其产生真正高效的行动。”

专业的教练需要具备神经语言学（NLP）、心理学、人类学等相关知识，所以想要成为一名专业教练是需要一定积淀的。

并不是每个人都想成为专业教练，但有很多人希望获得教练的思维。这也是为什么我踏上了研发和分享赋能型语言的旅程。我们不需要成为教练，但我们可以通过教练的思维和赋能型语言，为自己和他人赋能。

赋能型语言不只是语言的技能技巧，更多的是**一种思维方式，一种增加未来可能性的方式**，而语言，则会成为我们有效而强大的载体。**想象一下，如果我们所说的每一句话，都能给聆听者力量，并为自己赋能，那我们的生命会有什么不同呢？**

谈谈语言

语言究竟是一个怎样的系统呢？引用埃里克森教练学院的创始人玛丽莲·阿

特金森博士的四象限模型，我们来谈谈语言这个系统。

正如我们用“关注人”还是“关注事”、“直接”还是“间接”这两个维度来划分出DISC 四种性格特质一样，我们需要使用“抽象程度”和“时间轴”来划分出“物质”“意图”“关系”“意义”这四个象限。玛丽莲博士用这四个象限来表示“一个生命的构成”或者“一件事情的发生”，同样，语言的系统也可以使用这个四象限模型。

物质：我们说的词汇、语法以及我们语言的内容，甚至我们的语音语调、肢体动作等等，都可以归为“物质”。物质是语言的基石。

意图：我们想要传递给这个人的信息是什么？通过语言，想要达成、创造的是什么？这些都是语言的“意图”，它是语言的方向标。

关系：这里的“关系”，包含我们与语言接收者（比如正在读这段文字的你）的关系，包含我们与自己的关系（比如我们的 DISC 行为模式），也包含我们与这个世界的关系（比如我们的价值观），我们的语言模式因关系的不同而发生变化，它是语言的数据库。

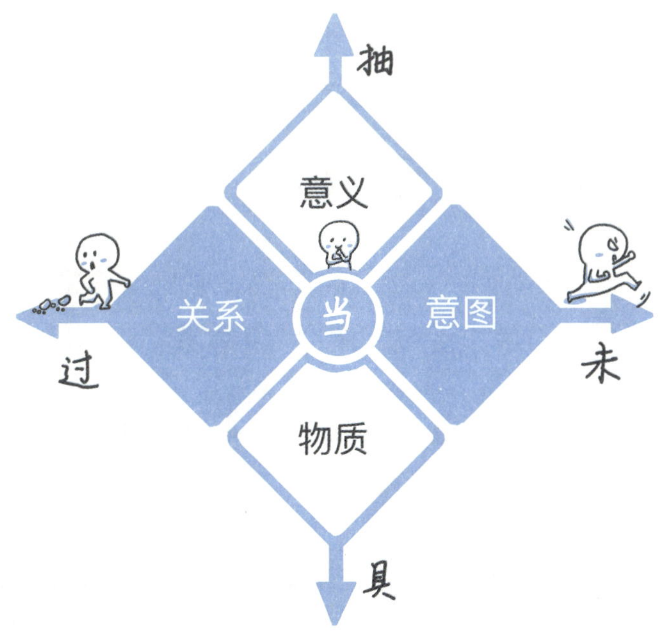

意义：很多时候我们的语言，其实是在为一个更大的系统服务。也许表面上你看到的是我与你之间的对话，而这场对话所产生的影响，可能远超于你我之间，它是语言的灵魂。

成果导向

在谈为对话赋能之前，我想先聊聊我们在教练中让"赋能"萌芽的种子——成果导向。

什么是成果导向呢？成果就像是组织使命和个人目标，是航行中的北极星。与成果导向相对应的是"问题导向"，二者的区别如下：

成果导向：成果导向的基础是事件的结果。它是一种主动状态。

问题导向：问题导向的基础是需要解决的问题。它是一种被动状态。

为了让我们的对话更偏向成果导向，我们可以更多地调用我们的 D 特质。

除了大方向之外，每一个对话、和每一个人相处、做每一件事，都可以设立我们这一次想要的"成果"，建议大家善用 DISC 理论，创建通往我们想要的成果的路径。

比如和朋友出去玩之前，可以设定我们想要的成果，是希望获得"开心的时光"，还是希望获得"感情增长，彼此更了解"，或者是别的？

假如在过程中发生一些小插曲、冲突等，以问题为导向的人可能会这样说：你为什么又迟到了？你知不知道这多影响安排？你既然知道可能会堵车，为什么不早点出发？

以成果为导向的人，会这样说：你迟到了哦……下次怎样避免这种情况呢？

要获得好的对话成果，聆听对方的意图尤为重要，而聆听意图也可以使用别人的话语为自己赋能。

聆听意图

聆听意图，需要我们调用 S 特质，把注意力聚焦在对方身上。

我们在日常生活中，有这几种“听法”——

表层聆听：听对方讲的是什么内容，同时自己想到什么就说什么（也可能心里不高兴的话就不说），中间也可能会走神。带着自己的色彩，和别人的色彩相碰撞。

深入聆听：专注地听对方所说的话，注意对方的情绪、语气、面部的表情，完全把注意力放在对方身上，放下自己内心的想法。

在日常生活中，我们一般采用表层聆听，对于我们喜欢的人，大多使用深入聆听。

教练思维的聆听：全神贯注地聆听，了解对方的意图是什么，总结对方的核心价值观。

教练思维的聆听会带给对方非常不一样的视角，同时这些视角会带来新的力量。在我们深入聆听对方，并沿着成果导向去推进对话的时候，我们就可以再进一步，给予对方高能量的反馈，使对话发生质的变化。

高能量反馈

在这里，我想引用美国 NLP 大学执行长罗伯特·迪尔茨博士提出的“思维的逻辑层次”模型，来谈谈我理解的高能量反馈。

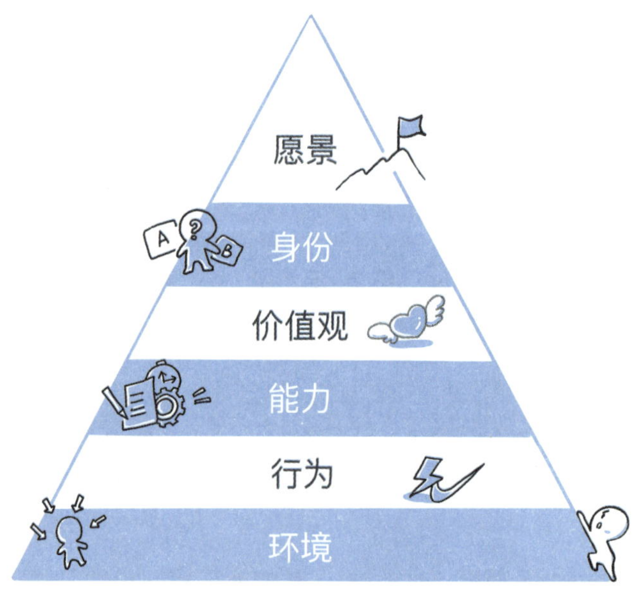

观察这个模型，我们会发现，模型越往下越具体化、物质化、细节化；而越往上则越抽象，越模糊。我们的沟通时常聚焦于逻辑层次下面的三个层级，“你要做什么？怎么做？具体要做到哪些？”这类对话在我们的生活中经常听到。

有趣的是，如果想要让语言的魔力持续产生，我们就需要在对话中聆听、关注到对方的上面三个逻辑层次。比如他的价值观；在这个系统中他看重的那些部分；他认为在达到目标的时候，他会成为一个怎样不同的人；对这个成果的期待；他希望这个成果如何去影响更多的人。

这就是愿景、身份、价值观所带来的魔力，当我们知道这种魔力的时候，我们怎么施展它呢？结合 DISC 特质，我们需要这样做：

唤醒我们的 D 特质，专注于目标的特点，以成果为导向——我们可以怎样更好地获得我们想要的成果？

唤醒我们的 I 特质，营造舒适的对话氛围，支持对话在“愿景、身份、价值观”的层次深入探索。

唤醒我们的 S 特质，支持、包容开放地聆听，保持乐观而中立的态度，允许对话中一切可能性的发生。

唤醒我们的 C 特质，审慎、仔细地观察对方，注意对话中细微的变化，发现撬动能量的支点。

唤醒我们的 DISC 四种特质，利用思维的逻辑层次模型，高效对话，给予对方高能量反馈。

赵晓莲

DISC国际双证班第46期毕业生
高管教练
个人成长教练
商业航天公司COO

3. 赢在沟通——让每一场谈判都胸有成竹

生活本身就是一场谈判。

我们在生活中遇到的大部分沟通都是谈判，表达的是最简单的“我想要”。无论是一份工作、一个优惠、一种支持，或者事业、财富、亲密关系甚至孩子的健康成长，从某种程度上说都和我们的谈判能力息息相关。当我学习了 DISC 理论，我认识到，无论是对他人还是自己，谈判都能够变成一个重要的甚至美妙的过程。

有人说，性格是世界上最大的谎言，永远都不要相信你只是某一种人。是的，在 DISC 行为风格体系里面，我们每个人身上都具备 D、I、S、C 这 4 种特质，我们每一个人都可以有意识地去调用这 4 种特质。

DISC 到底是什么？

DISC 是一种描述行为风格的理论体系。每个人的行为都有倾向性，有相对固定的行为模式，DISC 理论代表 4 种不同的行为特征。DISC 工具最大的作用就是可以帮助你认识自己、了解他人。

在自我的层面：觉察自己的情绪，理解自己的行为，切换自己的模式。

在他人的层面：观察对方的行为，尊重对方的需求，做好对方的拍档。

DISC 工具为什么打动我？因为人们在关注到“我”是谁之后，更加侧重的是人对自身行为模式的调整，重点是“我要成为谁”。DISC 告诉我们，不是事物本身，而是我们对事物的反应决定了结果。当一件事情发生，巧用 DISC 可以帮助我们做出最佳反应。

DISC 与谈判

谈判是人类交际活动的核心内容之一。只要有人类交际活动，谈判就必然存在。只不过谈判的形式有很多种，有言语的、非言语的，有意识或无意识的。公司里上下级沟通、和家人相处、养育孩子、购物，谈判无处不在。一言以蔽之，我们无法摆脱谈判。

无论我们是谁，性格如何，都能通过学习，应用 DISC 成为一名出色的谈判者，让谈判技巧和 DISC 一样成为我们生活、工作中密不可分的部分。这种技巧一旦学会，相信我们的每一场谈判都会更加成功。

一说到谈判，大家可能更多想到的是电视剧里的场景，其实真实的谈判有多种形式，有时候谈判甚至不需要一言一语。在动物世界，有时候两头狮子在对视良久之后就决出胜负。关于人的无声谈判，在这里讲一个真实的案例，沃顿商学院 2001 级学生陈瑞燕就做了这样一场无声的谈判：

当时她在旅行的转机途中，下了第一个航班，她和男朋友用最快的速度飞奔到登机口，准备登上飞往巴黎的飞机。可到了登机口才发现，之前机场答应提前打电话通知登机口，让登机口延迟关闭的事根本没实现。双目所见已经是登机桥被收起，听到的是工作人员确定的答复：登机口一旦关闭，任何人都不能登机。

陈瑞燕深呼吸 5 秒钟，做了一个决定。她领着男朋友来到玻璃窗正中间的位置，这里正对着飞机驾驶员的座舱。她全神贯注地注视着驾驶员，希望引起他的注意。一名驾驶员抬起了头，看到了他们可怜兮兮地站在玻璃窗前，瑞燕直视着他，眼里充满了悲伤和哀求。接着她把行李包扔在脚下，直直望着驾驶员，不知道过了多久，她自己感觉时间就像凝固了一样。最后她看到驾驶员的嘴唇动了几下，另一名驾驶员也抬起了头。瑞燕又紧盯着他的眼睛，只见他点了点头。

奇迹发生了，飞机引擎嗡嗡的轰鸣声渐渐缓和下来，登机口工作人员的电话响了。一位工作人员转过来，眼睛瞪得大大的，他说："拿上你们的行李，飞机驾驶员让你们快点登机。"

在这个真实发生的谈判中，谈判的关键在于陈瑞燕和飞机驾驶员的对视。我们看看，虽然这个过程没有一言一语，但是陈瑞燕的方法却极其有效。我们来用 DISC 这把尺子量一量，在整个谈判中，她是如何获得成功的。

D 特质的表现：找出决策者，并专注于自己的目标，而不是计较是非对错。

I 特质的表现：进行人际沟通，用有创造力的方法——对视来进行沟通。

C 特质的表现：沉着冷静，准备充分，哪怕只有 5 秒钟的时间，也能整理好自己的思路。

S 特质的表现：承认对方的地位和权力，示弱。

DISC 助力谈判

谈判的过程，就是双方不断给出刺激并不断响应的过程，也是不断接受对方的信息输出，不断解码，再不断回应的过程。所以在这个过程当中，如果能够真正做到主动倾听，通过合适的语调和提问，不带评判地反馈，不仅能给对方安全感，还能够让他们在这种安全感中说出更多的条件，提供更多的信息，帮助我们真正看清对方的真实需求。

无论是条件还是需求，都是谈判的起点。谈判的起点就是从今天开始，学会倾听别人、识别他人的情绪，为一场真正的对话营造足够的信任和安全的氛围。一个好的谈判者，可以在刺激和响应之间加上什么？没错，就是 DISC。

谈判，是和人在谈。既然是人，就会有特定的行为风格。一个人也可以有多种风格，我们要做的就是适时调用我们自己的 D、I、S、C 特质，来找到一个对双方而言更有效率的谈判方式。

DISC 的精髓就是保有自己，适应他人。用在谈判上面就是利用 DISC，掌握更多关于自己和对手的信息，接近事实的信息掌握得越多，就越有可能做出正确的决策，更好地把握谈判过程，实现自己的谈判目标。

DISC 本身就是知己知人的工具，善用 DISC，对谈判会有意想不到的助力。当我们应用 DISC 辅助谈判时，不但对自己，对他人也会有更加清晰、明确的认识和了解。因为我们谈判时面对的是人，而不是一家公司或者一个品牌。

DISC 可以让我们把谈判放在一个积极的框架之内，让谈判各方更容易展现出合作的姿态，从而解决问题。谈判中的每一次解码和回应都是在理解和响应对方。如果我们发出的是想要掌控对方的信号，那么对方为了摆脱控制会进行带有攻击性、反击性的回应；当我们能够直接反馈，就构建了新的可能，让对方看到自己的思路，并看到自己的思维或者行为是否对达到目标有帮助。

北京有一家我非常喜欢的餐厅，名字叫花厨，在三里屯附近的嘉铭中心。这家餐厅有花有美食，我常常和朋友在那里吃吃聊聊，就是太火爆，不好预定位置。

有一次，有朋友从英国回来，我准备请她吃饭。因为工作一忙，想起来打电话订位时都已经上午 10 点半了，果然，我得到的答复是："已经不再接受预订了。"我就问为什么，服务员回复说："只有一部分餐位是接受预订的，其他的要留给随机到店的客人，不能让在饭点到店的客人都等位。"

如果全部餐位已经预订完了，那我就没有谈判空间。现在我知道有空间，立马就开始了我的说服工作，我说："这一次请你一定破例帮个忙，我是老顾客，非常喜欢你们餐厅，北京的餐厅有那么多选择，我就想请从英国回来几天的朋友去你那里，你给我留个位子，告诉我应该到的时间，我一定准时出现。"

结果是什么？我当然预订到了位子。在这个过程中，我分析了原因（C 特质），紧盯着我的目标（D 特质），发挥我的热情（I 特质），提出我的请求（S 特质）。

记住，无论什么谈判，在对方说不行的时候，问一问"为什么不行"。同理，有人对你说："我恨你。"你要做的也是问为什么。弄清楚了真实的原因，才有可能找到解决问题的办法。

谈判的内外博弈

每一场博弈都是由两部分构成的：外在博弈与内在博弈。外在博弈针对外部对手，克服障碍，达到外部目标；内在博弈发生在自己的头脑里，是克服所有可能阻碍成功的思维习惯的过程。如果我们赢得了内在博弈，就能让 DISC 各司其职，来帮助我们在外在博弈上取得成果。

在谈判成功道路上最大的障碍不是对手，我们最大的障碍是自己。那些真正的困难都掩藏在我们脆弱人性的表象之下，急于做出本能反应——因为恐惧或愤怒冲动地做出本能应激行为。当前反应和最佳反应之间只差一个 DISC。

运用 DISC 最重要的一点是，要能了解自己的情绪和行为倾向，并作出相应调整。情绪管理智慧成为影响谈判结果最核心的因素，而不是谈判中需要克服的东西。在比较极端的绑架谈判中，无论绑匪是谁，想要得到什么，让其在危险的环境中稳定情绪，才能保证人质的安全。

如果不承认我们都是冲动、情绪化的非理性动物这个前提，在生活、工作中面对瞬息万变、令人焦虑的谈判时，所有粗浅的智慧和逻辑都是没有意义的。这时候需要调用 C 特质和 I 特质，用我自己的话是“跳上云端”，也可以理解为——“找到一个阳台”，让自己的精神状态与情感暂时冷却。为什么用阳台做比喻，因为当与别人产生冲突的时候，能一直保持“待在阳台上”是非常不容易的，因为情绪会让我们不可抑制地“从阳台上跳下去”，服从破坏性的情绪和想法，并且在忘记考虑长远利益的情况下做出冲动的行为。

一个好的谈判者从来不会否认或者忽略情绪，而是想方设法去了解和影响情绪。情绪不是障碍，它意味着方法。把“能够洞察到对方的情感”变成自己的优势，就会越来越强大。

运用 DISC 理论，不仅可以帮助我们在谈判中选择推动谈判目标完成的正确走向，还能帮助我们选好与之相配的通往内心世界的道路。说服自己比说服别人重要得多——DISC 理论可以帮助我们找到认识和了解自己内心世界的钥匙。

DISC 在谈判中的角色

一次好的谈判，D、I、S、C 4 种特质都要发挥作用。

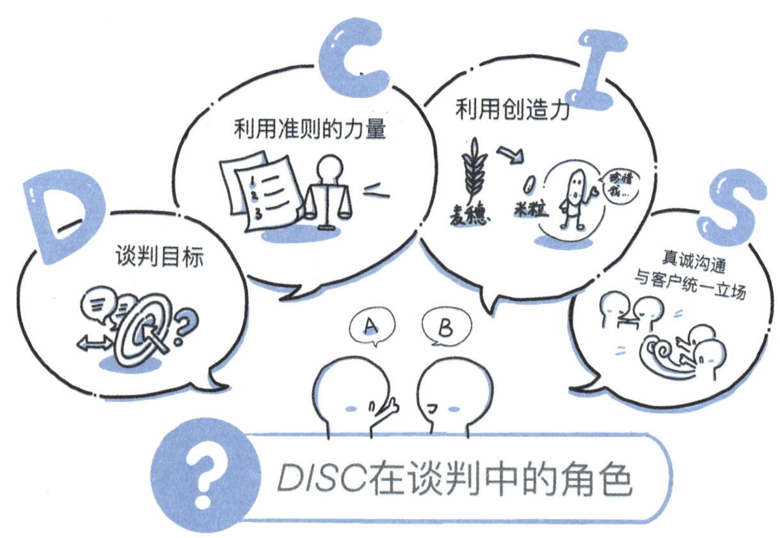

D——谈判目标

谈判是为了实现目标，其余一切都必须服从这个目标。任何时候，不仅要实现自己的目标，同时还要帮助所有相关的人实现他们的目标。

我们面对的人的性格和情感几乎决定着谈判的每一步进程。在谈判时，一定要了解谈判各方脑子里的想法，如果不清楚对方的想法，就很难建立一个可以触动对方并有利于实现共赢的目标。

了解对方的办法就是角色互换，它能让我们更加清楚地了解对方的观点、正在面临的压力以及他们的梦想和恐惧。换句话说，要想理解对方，就要尽量去感受他们的痛苦、快乐以及疑惑，并将其纳入我们的谈判策略中。

C——利用准则的力量

谈判当然不都是和风细雨的，也有剑拔弩张的时候，利用 C 特质，更好地利用准则的力量。这种技巧对那些难对付的谈判者尤其有效。注意这里的准则不是客观准则，而是对方认为公平合理的准则。

出色的记者通常在采访政要的时候，会把他们以前在电视上发表讲话的视频全部播放一遍。如果在采访过程中的话语和之前的言论不一致，他们会感到局促不安，从而想自圆其说。这一技巧在对付有些不想守约的合作伙伴时一样奏效。

这一技巧发挥作用的机制就是，人类心理学的一个基本原则是人们讨厌自相矛盾。所以，对方要在两者之间进行选择：是和自己的准则相互矛盾，还是和自己的准则保持一致。

利用准则的关键，也即所有谈判成功的关键，是表达描述。特别是对于利用准则而言，描述的意思是用对方的关键词，或使用一些特定的、对对方具有说服力的语句将信息呈现出来。

I——利用创造力

对完全相同的事实，准确的描述会更有说服力，如果能以一种改变对方脑海中画面的方式对信息进行加工整理，在谈判中就会更加容易成功。

我先生的 D 特质突出，讨厌别人教育自己该怎么做人，该怎么做事。他做饭淘米，不是有几粒米掉在水池，就是在米下锅时留几粒在盆边。如果我说："你每次弄干净一点儿不行吗？"他肯定不高兴，觉得"活我都干了，你不要管，只管吃就行了"。

要解决这个问题就需要创意，I 特质突出的我向他描述了一个画面，最后我说："你看米粒们从种子发芽到长大成熟，又经过加工包装等等，走了很远的路到我们家，最后才从米粒变成喷香的米饭。可是如果因为你粗心，淘米时洒掉的那些米粒，它们会被冲到脏脏的下水道，不能像伙伴们一样变成香香的米饭，该有多伤心。”后来，先生淘米时再没有让一粒米“跑”掉。

S——真诚地沟通，与客户站在同一立场

在谈判当中运用同理心极为重要，努力地站在对方的角度来理解形势，设想他人的感受。

我曾经听过很多谈判策略，比如，让谈判对手坐在阳光刺眼的地方或者对着空调口，使对方分心或者状态不佳，我想说这不是积极的赢家思维。只有相互信任，才能在更大的范围让双方产生更多的收益。真诚地沟通，与客户站在同一立场，更容易赢得对方的信任。

有一个总裁说过，他曾为客户做了一件重要的事情，就是在一个周六的晚上去机场接这位客户的母亲。他的行为与任何交易无关，但此后对他与该客户的每一笔交易都产生了永久性的影响，该客户后来成为他最重要的客户之一。

如果在谈判中遇到不那么友善的情况，一味地在谈判中秉持与人为善的立场，并非最佳策略。如果在谈判中遇到对方行为失当，可以直接指出来，关键是在指出对方行为不当时，绝对不要让自己成为问题的焦点。因为这样做，我们就失去了筹码。

综合运用 DISC 理论

我上一份工作是为国际零售集团北方区做招商。有一次，我们想引进一个品牌，设计师是日本国宝级大师，与山本耀司、川保久玲齐名的小筱顺子老师。我第一次约见的时候就得到回复，品牌只开购物中心店，不开传统百货，我所在的公司没有机会。

后来，我得知该品牌的总监来京巡店，就约好了去蓝色港湾见面，半小时就拿下了代理权。

首先，我调用 I 特质，告诉他我是内蒙古人，为我们内蒙古人创造出这么好的品

牌而感到骄傲——建立前期的信任和轻松的氛围。

接着，我调用 D 特质，告诉他，他的品牌在北京没有打开局面是因为没有在对的地方遇到对的人（这一句后来被他奉为金句），并指出品牌没有在定位相匹配的商场开店以找到目标客人。

然后，运用 C 特质，我跟他说为什么我们商场是对的选择，因为我们的客单价接近 2000 元，而西单的汉光是 1000 元，君太是 600 元。这说明我们拥有优质客群。同时，我给他一些具有代表性的女装品牌的数据参考。

最后，运用 S 特质。我总结了商场可以提供给他的价值，还描绘了未来的升级思路，同时建议他在北京范围内开几个定位相匹配的店，并且推荐资源给他。

在我们见面两个月后，该品牌在北京的第四家店在我们商场开业，开业 20 天销售额达 20 万元，完全超出品牌期望。后来该品牌的老总也很感激我，说该品牌在北京市场连着踩空两脚，本来都不敢迈步了，是我让它重新踩到了地上。他也非常惊奇，说自己在见我之前的期望就是听听一个北京的招商经理怎么看北京市场，完全无意合作，没有想到被我说服，品牌也迎来了生机。

无论我们是谁，身在何处，都可以把 DISC 理论运用到人生的每一场谈判中。运用 DISC 的关键在于不仅要关注目标有没有达成，还要关注关系有没有变好。成功的谈判就是既实现了谈判目标，又收获了良好的关系。DISC 理论让我们认识自己，调整自己，影响别人，时时提醒自己更成熟地面对人生的每一场谈判，提升自己的影响力并影响对方。

陈琰

DISC国际双证班第79期毕业生
高级培训师
EI国际情商智能教练及咨询师
沟通表达力训练专家

4. 声入人心
——打造你的专属口才影响力

说到演讲表达，也许会有人说，这个我不需要，我又不经常上台演说，跟我没什么关系。但是我们会发现这样一种情况，明明在工作中已经竭尽全力，废寝忘食，但是在汇报的时候因为支支吾吾说不到重点，只能眼看着旁边的同事升职加薪；在公众场合，突然被主持人请上台说几句，就心跳加快，连连摆手，事后又郁闷不已，觉得自己真没出息；甚至遇到自己喜欢的人，却不知道如何去表达自己的爱慕，眼睁睁看着心仪的人跟别人手牵手……诸如此类的问题不胜枚举。

只要有人的地方就需要表达，我们每个人都不可能活成一座孤岛，特别是现在

这个演说+的时代，一个人人都要成为演讲家的时代。

演讲是一项人人都需要的能力，我们需要让这个世界听到我们的声音，不论从事的是什么行业，都要学会演讲。

罗振宇说，当下的社会最重要的能力是表达能力，因为传统社会最重要的资产是财富和能力；未来社会最重要的资产是影响力。影响力怎么构成？第一是写作，第二是演讲。

记住，我们能对多少人说话，如何对他们说话，决定着我们的影响力有多大！

D：信念加持，总有一束光为你而亮

暂且不说登台演讲，平时在与人交流时，我们会感到紧张，心跳加速，面红耳赤，支支吾吾，语无伦次，前言不搭后语。不光对方不知道我们在说什么，连自己都有时候不知道自己到底说了什么。事后还会经常说，当时真是恨不得找一个地缝钻进去。

于是，久而久之，我们就认为自己真的不会说话，真的不敢演讲，还是不要去丢人现眼的好。可以说，紧张是我们演讲最大的障碍。告别紧张，就会演讲。

那么紧张能够被我们克服吗？

我们先来说说大脑的构成，保罗·麦克里恩提出了“脑的三位一体”假设，认为我们的大脑由爬行脑、情绪脑和视觉脑组成。

这三个脑是随着整个生物和人类的进化而产生的。很多的低等动物，比如蚂蚁就只有爬行脑。随着生物的继续进化，当出现哺乳动物的时候，情绪脑出现了，所以我们可以看到小狗、小猫会有一些情绪的表达，比如生气或者开心。最终只有人类进化出了视觉脑。

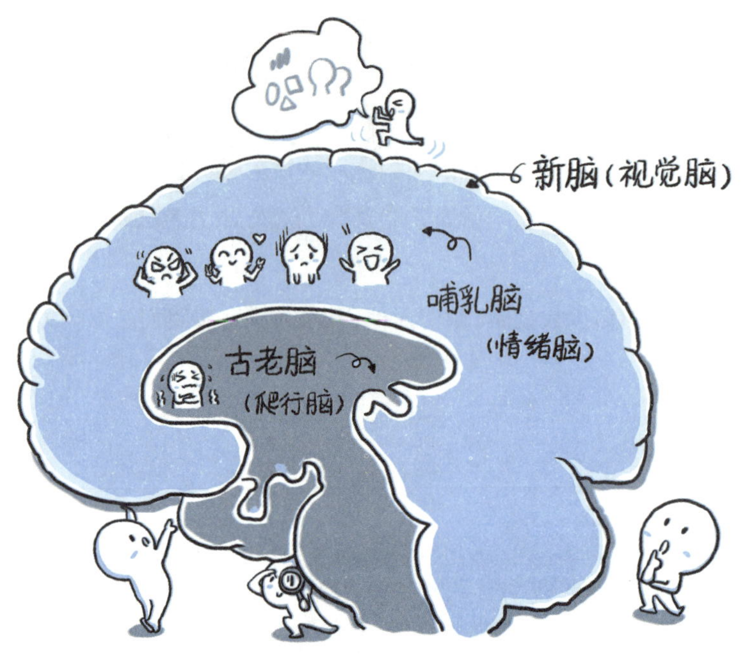

我们重点说一下爬行脑，爬行脑演化是为了生存，因此其控制生命的基本功能，如心跳、呼吸、逃命、喂食和繁殖等。不知道大家发现没有，我们在生活中感到害怕的事情，都可以在自然界中找到相似的场景。比如当一个陌生人靠近我们，我们会有一种本能的紧张感，就像动物也会害怕自己的领地会被侵犯一样；或者独自站立在众目睽睽之下，就像动物独自在旷野中面临一群生物或者比自己强的对手时也会害怕。

紧张是一种本能，是一种自我保护的机制。我们的大脑会根据环境中不同程度的危险情况，向我们的肢体发出警报，比如口干、心跳加快、呼吸急促等，这来自我们人类的动物属性。

我们要做的是承认和接纳自己的紧张感，告诉自己这是本能，然后试着去安抚我们的爬行脑，营造安全氛围，让自己处于一种安全的状态，这样才能够解除我们因紧张所带来的不适感。

我们应该如何面对紧张呢？

让自己安全。当我们出现紧张情绪之后，我们不用说“我不紧张”，可以换成

“是人都紧张”，要与紧张做朋友，接纳自己的紧张。我们可以选择深呼吸、听音乐、闭眼冥想、慢走等，在任何一种可以让你的爬行脑感觉安全的环境中放松，让自己感觉安全。

专注于当下。接下来就是做好自己，专注于自己的内容和目的，专注于自己的内心，让自己做到心无旁骛。在这个瞬间，专注于当下，专注于此刻。以前经常有人说，你就当观众不存在，其实也是这个道理。

提升信念感。章子怡在《演员的诞生》中说：“一个演员最重要的是信念感，当你有坚定的信念感，你的表现绝对不会差。”这句话同样适用于演说，我们要不断暗示自己，我是最棒的，我的分享是有价值的，我就是天生的演说家，我就是那个为舞台而生的人！信念感所带来的力量是无穷的，同时可以传递给听众，让他们感受到你的力量！

Ⅰ：先声夺人，一开口就让人喜欢你

高尔基说：“最难的是开场白，就是第一句话，如同在音乐上一样，全曲的音调，都是它给予的。平常却又得花好长时间去寻找。”

是的，在这个注意力极度稀缺的时代，我们说黄金 30 秒原则，开口 30 秒决定着听众对你演讲的第一印象，也决定着听众要不要认真听你讲下去。

在日常社交场合，我们也可以套用一句话：一开口就知道有没有！一说话，我们就知道这个人我喜不喜欢，值不值得交往，愿不愿意互换联系方式，能不能做朋友！

开口，不仅仅是为了被记住，更重要的是为了被喜欢。我们在开场时强调三个目的，即拉近距离、激发兴趣和建立信任。

拉近距离

开场从什么时候开始呢？不是站在舞台中央才开始，而是在会场或者候场区等任何一个听众能看到的地方就已经开始，所以我们要时刻保持微笑，保持自信，保持得体。

微笑是最好的名片，在任何一个场合都适用，无论是公众演说，还是社交场所，我们总会对面带微笑的人产生好感，微笑可以拉近与听众的距离。所以，演讲者目光所及处均是舞台。

激发兴趣

一个好的开场绝对离不了精妙的设计，好的设计能够在最短时间内激发听众的兴趣，我们可以从以下几个方面进行设计，大家可以根据自己的主题内容选择使用。

巧妙引用：我们可以在演讲的开始引用一些名人名言、金句、主题故事、新闻热点等，引发读者的兴趣。

在设计开场的时候，巧妙引用能够很快拉近与听众的距离，引发其兴趣，让大家一下子就想继续听下去，但是也请记住，引用一定要契合主题，情感适宜，以免落入俗套，反而弄巧成拙。

对比求新：在开场的时候，新、奇、特的开场白是最有吸引力的，特别针对“90后”“00后”一代，效果非常明显。我们如何才能让开场白标新立异、与众不同呢？可以借助逆向思维和求新思维。

逆向思维，也叫求异思维，它是对司空见惯的似乎已成定论的事物或观点反过来思考的一种思维方式。敢于“反其道而思之”，让思维向对立面的方向发展，从问题的相反面深入地进行探索，产生新思想，创立新形象。

我们每个人在骨子里都是“喜新厌旧”的，讨厌老套，喜欢有个性、有创新的设计出现在我们面前，这就是求新思维。

精心提问：在开场的时候，提一个或几个巧妙的问题，可以触发听众的神经元，让其处于兴奋状态。在开头的时候提出问题，可以紧紧抓住听众，引发听众思考，让听众的注意力集中在讲台上，从被动听讲变为主动思考。

开场用提问的方式，可以把演讲变成沟通，让演讲主题更深入人心。演讲者在一开始就抛出问题，让听众和自己一起思考，听众带着问题听演讲，将大大增加他们对演讲内容认识的深度和广度。

工具辅助：可以在演说开场借助音频、视频、图片、物件等，设计一个跟主题契合的开场，也非常特别和吸引人。

建立信任

在演讲中要多说“你”，少说“我”。有些演讲者，一上台就开始说：我有多年演说经验，曾经获得过什么荣誉，参加过世界峰会论坛，等等。这些听众会认真听吗？讲多了别人会反感，因为一直在讲自己，太过自我。

有一个说法：在演讲中，你一旦说出一个“我”，那就要用十个“你”才能弥补回来。我们可以换成这样的表达方式：今天在座的都是爱学习、爱成长、爱表达的小伙伴，你们在百忙之中还来参加我的分享，我已经从你们脸上看到了对舞台的向往、对自己的期待，我相信正是因为有了你们的到来，今天一定会更加精彩！

看到你们年轻的脸庞，我也充满激情，你们是年轻的一代，是充满朝气的一代，你们有着丰富的想象力和创造力，接力棒已经交到你们的手上，准备好了吗？

S：识人高手，把话说进 Ta 的心坎里

成功的沟通始于对人的了解、对行为模式的洞察、对表达语境背后逻辑的精准剖析，但表达者如果缺乏对人的洞见与体悟，一切将无从谈起。

表达是用生命影响一群人的生命，那我们就要去了解听众，知道他们是什么类型，想听什么。我们才能有针对性地说出他们想听的话，他们也才能听进去我们要说的话。

那如何成为识人高手，把话说进对方的心坎里呢？让我根据 DISC 行为风格理论，为大家介绍成功的演说的四个特征。

目标明确，言之有物——D

演讲要有目的，判断演讲成功与否的唯一标准就是有没有通过演讲达到你要的目标。没有目标，一切都是空谈！

德国大哲学家黑格尔在《美学》第三卷中对演讲的目的做过一段精彩的论述，他说："对听众来说，演讲家的描述也不是为描述而描述，也只是一种手段，用来使听众达到某一信念，做出某一种决定，或采取某一种行动。"黑格尔的这段论述，十分精辟地剖析了演讲中所使用的所有手段，都是为了达到演讲者的目的。那么演讲的目的是什么呢？

在演讲前，可以先问自己三个问题：

why？我为什么要做这个演讲？

who？听众是谁？

what？听众关心什么？听众想要什么？我希望通过这个演讲，给予听众什么？

演讲的基本目标包含三个，即事实（fact）、感受（feeling）、反馈（feedback）。

事实，是最基础的目标。你首先要告诉听众发生了什么事情，发布了什么产

品，经历了什么故事。事实应该是看得见、摸得着、听得到的，不带有任何主观色彩的东西。所以演讲的第一个目标，就是演讲者想让大家知道什么样的事实。

感受，是在事实之上的更高一层的目标。演讲者让听众知道了事实，下一步就是想传播什么样的观念和感受，恋人分手是事实，相爱容易相守难是感受；白手起家是事实，企业家的精神与创业激情是感受。

反馈，即让听众接受你的事实，产生感受，最终给你反馈，如鼓掌、购买、行动等。说明事实、展示演讲者的观念，是单向的，而说服听众接受这些事实和观念，才是演讲的终极目标。

巧用故事，言之有趣

故事是人类历史上最古老的表达工具，也是今天最重要的影响工具之一。

故事里融合了我们的经历、思想、情感，当我们把某一个信息置于某一情境，通过故事的形式表达出来，演讲便具有某种情感冲击力、影响力、宣传力，且更易于传播扩散。

演讲界甚至有人提出演讲就是讲故事，这足以证明故事的重要性。一个好的故事要有冲突性、共鸣性、有趣性。

一个好的故事一定要能激发起别人的好奇心，而激发好奇心的核心要素，就是在你的故事中加入冲突和转折。比如金庸的武侠小说，都是各种冲突，人物的经历也是一波三折，正因为这样才会让人欲罢不能。

每个人其实都活在自己的故事里，如果你想让别人对你讲的故事有反应，那么你的故事和他的故事势必要有交集才行，否则你们无法产生任何情感联结。

好看的皮囊千篇一律，有趣的灵魂万里挑一，幽默是表达的高级方式，我们要把故事说得有趣幽默。我非常欣赏黄渤和沈腾的说话方式，因为他们总是会那么恰到好处地运用幽默，让你忍俊不禁，听完之后还回味无穷。我们也要在自己的平凡故事中，寻找那些有趣的闪光点，让故事生动起来。

关注细节，言之有情——S

传统的演讲训练，强调的是“推”，就是把东西硬塞给听众。但实际上，好的演讲方式应该是“拉”，我们要适时照顾听众的感受，也就是通过感情联结，把听众拉过来接受你的信息，而不是把你的信息硬塞给对方。

如果在听演讲的时候，事先不知道对方的经历，那我们脑子里首先出现的反应是：他是谁？我为什么要听他讲话？同样，如果我们是演讲人，听众也会这样想。这时候，如果你跟听众没有情感联结，你就很难被接受。

建立情感联结有很多办法，最基本的原则就是真实、真诚。如果你能展示自己脆弱的一面，讲一些内心真实的想法，就更容易破除听众心理的抵触，被他们所接受。甚至，如果说你站到台上之后，突然变得非常紧张，就直接告诉听众你很紧张，观众反而会给你鼓励的掌声，让你知道自己是被关注的。所以，有位演讲家说，演讲之所以要用麦克风，并不是要让你说得更大声，而是能让你像跟朋友聊天那样自然、轻声地说，这样听众会觉得更舒服，你和听众之间的联结也更容易产生，演讲效果才会更好。

逻辑缜密，言之有序——C

一场成功的演讲依靠的不只是技巧与策略，真正的精髓在于演说者的思维与逻辑。前者是“术”，后者才是真正的演说之“道”。

你如果被评价为说话或演讲缺少逻辑，那么应该包含以下几个意思：我真的不懂你在说什么！我听懂了，但是你说话好啰嗦！我不喜欢听你讲话！你让我很困惑！你让我头晕！你在浪费我的时间！

不论是公众演说、说话、写作甚至是绘画，都是大脑思考的过程，所谓的缺乏逻辑往往是没有想好需要沟通的最重要的信息是什么，以及如何与对方更加高效地沟通。

所以，如果演讲得很好，效果就像带领听众走过一段旅程，所有内容他们都听明白了，并且在脑子里描绘出了整个旅程的地图，清晰明了，路径分明，而不是一团糨糊。

有逻辑的演讲应该包含两个方面：一是演讲结构本身的逻辑，二是演讲者通过语言表达的力量把演讲的逻辑表达清楚，让听众听明白。

所以，在演讲前，做好材料分析，记好笔记，整理自己的思路，让自己对于结构是清晰明了的。同时我们可以运用一些辅助工具，比如使用思维导图来整理核心论点和内容大纲，建立自己的逻辑结构。

魔法套路，成为高手的秘密武器

总有人问，有没有一些即学即用的秘籍公式呢？我在演讲、培训过程中经常使用一些套路。接下来就跟大家分享三种常用的魔法套路，让我们都能快速变成表达高手。

黄金三点

也就是我们常说的三点式，比如在自我介绍时很多人都会说自己的三个标签；领导讲话喜欢说：下面我不多说，我讲三点意见。为什么要讲三点，而不是一点、两点或者五六点呢？这是由人的大脑所决定的，人最容易记住的是一点，但是演讲中只讲一点显得太单调；讲太多，点太散，大脑记不住，所以讲三点是最合适的。

乔布斯在斯坦福大学的那场演讲，就是一个经典的三点式演讲套路。他在一开始的时候就说，今天我不多说，我讲三个故事，这样大家一目了然，最终这次演讲成为经典，大家对这三个故事也印象深刻。

三点式，还可以换成“过去式、现在式、未来式”，这个也是我们在演讲、汇报、总结中经常使用的套路。按着这种时间顺序陈述，可以讲事实，也可以谈想法，关键是沿着时间轴展开。时间轴的意义在于，通过时间线索可以将不同的事物或者故事联系起来，并赋予演讲清晰的逻辑。

WWH 公式

也就是我们说的为什么、是什么、怎么做的黄金结构。这个结构符合人类的认知规律，也方便听众去接受。

先告诉听众做这件事的价值和意义，引起听众的重视，这是 why；然后告诉听众这门课都有什么内容，介绍新知识，这是 what；最后大部分时间讲怎样去做，怎样行动，这是 how。

比如关于跑步的演讲，先告诉听众跑步的重要性，接着告诉听众为什么要跑步，最后告诉听众跑步的方法。

再比如，向客户介绍自己的产品或者服务时，先不要急着说自己产品的优点，要先分析客户有哪些痛点和问题，再有针对性地介绍自己的产品或服务，解决对方的问题，满足对方的需求。

SVA 公式

最后给大家介绍一个简单易学却威力无穷的万能公式——SVA 公式，是不是很好记？这个公式最棒的一点就是适用于任何演说场合。

SVA，也就是三个英文单词的缩写，S，story，故事；V，viewpoint，观点；A，advise，建议。那连起来就是我们首先运用一个故事，然后提炼出一个观点，最后给出行动建议。

故事：故事就是生产力，也是演说的诀窍，我们每一个人都有故事，我们听到的、我们看到的、我们读到的、自己亲身经历的都是故事。

观点：故事本身没有太大的意义，故事传递出来的观念才重要。每个故事都是道理披着的那层外衣，我们要善于去提炼出故事中的观点，然后把它说出来。

建议：提出观点后，要给出建议，激发行动。

第三章

情绪与自我：

做一个充满正能量的人

黄欣

DISC双证班第68期毕业生
国家二级心理咨询师
家庭咨询师
家庭教育讲师

1. 修己安人
——让情绪成为守护天使

情绪拥有神奇的力量:可以使你精神焕发,也可以使你萎靡不振;可以使你冷静理智,也可以使你暴躁易怒;可以使你安定从容地生活,也可以使你惶惶不可终日。

了解情绪

情绪是一种能量状态。情绪高涨的时候，做事情顺利；情绪低落的时候，犹如带着炸药包前行，随时易燃易爆。雪球从山上滚到山下，越滚越大，越滚越紧，其实情绪也一样，日积月累，就像雪球一样，越囤积越多，状态也随之发生改变，易怒而不受控制。现在就让我们一步一步探索，让情绪成为我们的守护天使。

有一次上课，老师问我们："在座的各位，有过悲伤情绪的请举手。"所有人都举了手。老师接着又问："谁有过生气、愤怒、害怕、焦虑的情绪?"几乎所有人都举了手。老师再问，什么人会没有任何负面情绪? 答案是——没有。只有逝去的人才没有情绪。

只要活着，就有方方面面的情绪困扰，不高兴很正常，**重要的不是让自己没有情绪，而是要确保自己不被情绪左右。**

不开心、生气、紧张、担心、愧疚、悲伤，或拥有其他许多情绪，没什么，关键是把这些情绪控制在一定范围内，不会因情绪而丧失行动能力。

有人说情绪是魔鬼，是因为许多人在情绪冲动时做了伤害自己、伤害他人的事。

情绪也一样是生命的资源，没有什么情绪是魔鬼。正面积极的情绪告诉我们现在已经很幸福，或者正在靠近幸福。负面消极的情绪告诉我们，此时此刻的状态正在远离幸福的轨道。**情绪本身并无好坏、对错之分。**《情绪急救》一书建议：

当你因为被拒绝而受伤时，要学着反驳消极的想法并告诉自己：我依然是有价值的。

当你感到悲伤时，试着放声哭泣，让最纯净的悲伤疗愈自己，去倾诉、去寻找身边人的支持。

当你感到愤怒时，试着停顿，让愤怒的能量流进又流出头脑。

让你感到内疚时，不要再批判自己，放下愧疚感，去尽力补救，而后学会原谅自己。

也就是说，如果产生不良的情绪，要学着控制情绪起伏，同时避免过度自我控制。

情绪从哪里来？

小茹的四个闺蜜，聊到新婚的小茹因为准备要宝宝而和先生发生争执的事。先生的意见是马上要，趁父母年轻可以帮忙带孩子；小茹觉得自己还年轻，想等事业稳定一点再说。

D朋友急了："别管他，先稳定事业再说，又不是生育工具。结婚前他可不是这样，千万别事事顺着他，你得拥有掌控权。"

I朋友说："就是，你是为了生孩子才结婚的吗？问他到底爱不爱你，爱你就该尊重你的意见。当初追你的时候什么都顺着你，现在这样对你，问他这日子还过不过？"

S说："别说了，小茹心里本来就不好受，要我说，早晚都得要孩子，回去再商量商量吧。刚结婚，别伤和气，你们谈恋爱这么多年，也挺不容易的。"

C说："生孩子可以呀，从怀孕到生孩子，月子中心、奶粉钱准备好了吗？孩子从出生到三岁是关键期，妈妈全职带宝宝最好，他一个人能撑起这个家吗？按照这个计算，是不是需要提前规划生孩子的事？他太草率，太不把养孩子当回事了，这样是对孩子负责，对你负责吗？这样的男人可靠吗？"

同样的一件事件，可以产生不同的情绪反应，为什么？**导致一个人的行为反应和情绪反应的根本原因，不是事件本身，而是人对事件的看法、想法、解释、评价。**归根到底是人对事件的信念。

情绪ABC理论是由美国心理学家、理性情绪行为疗法创始人阿尔伯特·埃利斯所提出的。他认为，情绪产生的直接原因并不是客观的事件，而是主观认识和评价才直接导致人们的情绪形成，同样的事件，如果人们的主观认识和评价不同，所产生的情绪会大相径庭。

在 ABC 理论模式中，A 是指诱发性事件，如小茹新婚为要孩子和先生争执；B 是指个体在遇到诱发事件之后相应而生的信念，即对这一事件的看法、解释和评价，如四个闺蜜对这件事的看法；C 是指特定情境下个体的情绪及行为的结果，如四种不同的劝说方式。

影响我们的看法和评价、造成情绪和行为反应过激的其实就是以下三种病态的思维方式：

恐怖化的思维方式：把什么都看成灾难，非常害怕，这个思维模式就是："万一……怎么办?"比如去面试一个工作，可能会想到：万一我回答不上问题怎么办? 万一他们不喜欢我怎么办? 万一我被人为难了怎么办? 越想越多，就越恐慌，精神高度紧张，不战而败。

应该化的思维方式：就是"我必须……""我一定……""我非……不可"等。这种"必须""应该"的思维可能从你的孩提时代就开始了，比如父母对你说：你应该对弟弟好一点。老师说：你应该考第一。一旦具有了这种思维，你对自己的要求也会过于严苛。而当我们达到了"我应该"的标准时，就开始了要求别人"你应该"，对别人要求严苛。

合理化的思维方式：这种思维就是觉得什么都合理，将不道德或不得体的行为合理化，骗自己接受这种行为，简单地说就是逆来顺受。

凡事有四种解决方案

既然有不合理信念存在于脑海，我们就应该建立合理信念。通过对情绪的了解，对自我的了解，练习相应的情绪处理方法和建立合理信念。

人的情绪有大的，也有小的，有明显的，也有经常被人忽略的，如果大家能够把情绪当作一种信号，就好像在过马路的时候刚刚亮黄灯，大家也会做一些动作一样，会考虑该不该刹车，有没有地方停，要停在什么地方，这样就不会措手不及。

先处理情绪，再处理事情

“修己安人”，修己就是要把自己的情绪稳住，安人就是要让对方情绪稳定。自己稳定，别人稳定，大家都稳定，事情就很好商量，然后大家积聚力量，共同把事情做好。

记住几句话：

你的情绪会影响到别人。

要让别人平稳，就要自己先平稳。

一旦发生什么错误，你先改变自己，别人很快就会跟着改变。

四种不同行为风格的情绪梳理建议

D特质，指挥者：比较关注事情，比较主动；速度很快，对事不对人，很注重结果；情绪来得快去得快，往往容易伤害身边人。

建议：降低对他人的要求，允许自己犯错。

适合的宣泄方式：

适当释放自己，可以选择安全的环境大声哭泣、大声吼叫。

适当运动。不良情绪就像夏天的暴风雨，需要适当发泄，这样才能净化周围的空气。

练习情绪探索四步法：

第一步：现在是什么情绪状态？

第二步：假如是不良的情绪，原因是什么？

第三步：这种情绪有什么不良后果？

第四步：应该如何控制？

I 特质，影响者：速度快、关注人；喜欢与人互动，喜欢被关注；情绪起伏较大，情绪来得快、猛烈，容易情绪化。

建议：设定可以实现的目标并尽力完成。请记住完成胜过完美，允许自己不被关注，允许自己不受所有人喜欢，允许自己做旁观者。

练习管理情绪三步法：

第一步：每次说话前先停下来；

第二步：问问自己想说的话是想发泄，还是想表达；

第三步：只说对人对己有益的话。

牢记沟通三个问题：

这句话是有必要的吗？

这句话是真实的吗？

这句话是仁慈的吗？

S **特质，支持者：**很关注人，语速较慢；很委婉，因为很害怕冲突，会观察别人的感觉和反应；容易忽略自己的感受和需求，压抑自己的情绪。

建议：允许自己发声，不要过度在意他人的想法，允许做自己；选择适合的宣泄方式，大哭、摔东西等，表达自己的感受。

练习情绪沟通三步法：

第一步：客观地描述这个事实；

第二步：告诉对方你的心理体验；

第三步：你希望对方做到什么。

C **特质，思考者：**关注事情，追求完美，对事情的要求过高；常常因对自己或者他人的期待与现实不匹配，陷入焦虑、自责中。

建议：降低过度追求完美的要求，允许自己不完美，允许自己做不到。

练习管理情绪探索五步法：

第一步：情绪的起因是什么？

第二步：当时你做了些什么（语言、行为）？

第三步：你内心的想法是什么？

第四步：情绪平复，是因为你做了什么？

第五步：下一次会怎么做？

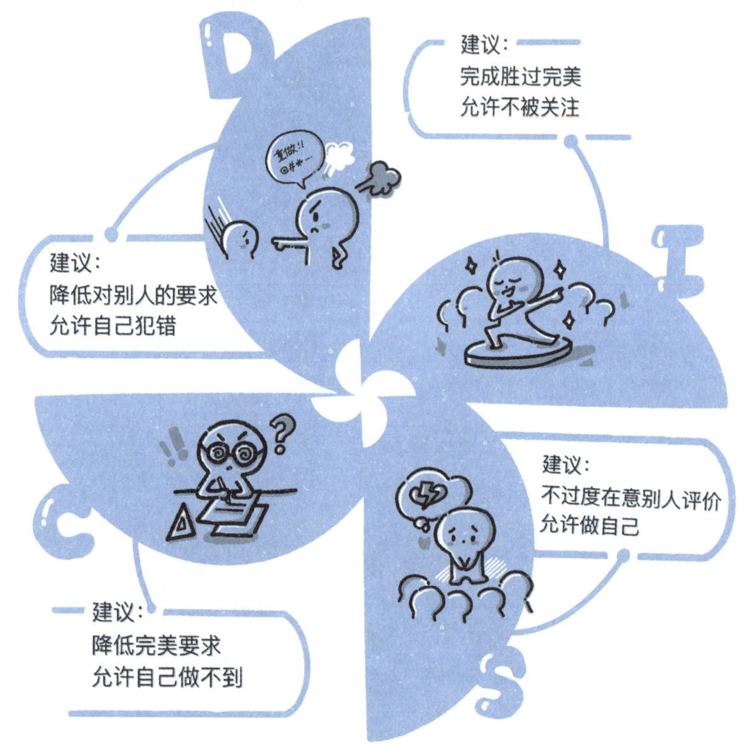

了解情绪，学习把控情绪的方法，不是为了没有情绪，而是有了情绪可以觉察它，或者下一次比这一次做得更好。幸福人生，让情绪成为守护天使。

李君

DISC国际双证班第68期毕业生
英国东尼博赞思维导图全球认证讲师
国际正面管教协会认证家长/学校讲师
国际认证鼓励咨询师
全球首批阿德勒游戏力讲师

2. 自我鼓励——从沮丧到充满力量

对每个人来说，人生都是一个需要自己不断修炼的过程。在人生的旅途上，我追求的是不断成长。

在 DISC 课程中，海峰老师曾说过：我们要不断增加自己“给的能力”，而不是“要的习惯”。这句话我一直铭记在心，看到他那么有力量并且能够传递力量给大家，我深受感动。那一刻我就有了一种冲动：我也要做一个有能力给予的人。

可是，我可以给什么呢？我有什么呢？课程结束后，我一度陷入了迷茫，甚至为了自己无法给予而焦虑，我渴望成为可以传递温暖、传递力量的人。我不断思考和反省，也重新审视自己的生活和人生，并开始走上寻找自我的道路。在艰苦的寻找过程中，我发现我想给予，必须要自己先拥有力量才行。就像水桶一样，我的桶里有水，才可以给别人。

在学习并掌握了 DISC 和鼓励步骤后的一年，我找到了可以让自己成长的方法并从中受益，从迷茫开始变得有力量。

人生就像一场戏

我是一个有两个孩子并且在一线城市打拼的职场妈妈。我的个人经历里，实在没有任何的光环或可以拿出来炫耀的标签。

结婚之前，我的世界里只有我自己，我可以自由并且任性地在远离父母的城市里安排我的生活；结婚之后，我发现不一样了，我开始与老公对抗，试图让他变成我理想中的样子；有了孩子之后，我开始了重塑之路，试图让孩子避免重蹈我失败人生的覆辙；还有婚后需要处理很多关系，而这些关系远没有想象中那么容易。

我越用力想让自己的生活过成我所希望的样子，生活就越不断地给我一个个响亮的耳光。老公没有任何变化，因为争执多了，他选择去另外一个城市工作；孩子们完全无法理解我的良苦用心，并用他们自己的方式反抗。

我终于成为一头彪悍的怒吼着的母狮子、一个怨妇，生活也成了一地鸡毛，终于把自己折腾进了医院……

那一次住院，让我如梦初醒。我知道再也不能这样下去了，必须要想办法改变，改变我的生活，改变我自己。我不想回到以前的生活，那不是我想要的生活！

就在此时我接触到了 DISC，我义无反顾地报名参加了第 68 期 DISC 国际双证班。在课程中，海峰老师分享说：**改变世界太难，唯有改变自己；人生最遗憾的不是做不到，而是本来你可以。**

是啊，人生本来就在我的手中，我为什么要把眼睛盯在别人身上，试图通过改变别人来改变我的人生呢？我可以的，我可以把自己的人生经营好啊，我要去找回原本属于自己的人生。同时，我参加了正面管教 & 鼓励咨询创始人琳·洛特的课程学习，成为鼓励咨询师。琳·洛特说："不是你经历什么，而是你决定了什么塑造你的人生。"

我改变不了任何人，我能改变的就是我自己，只要经营好我自己，我的人生才会变好。

自我鼓励的四步骤

就像 DISC 理论说的一样：每个人身上都有 D、I、S、C 特质，只是比例不同而已。也就是说，我们每个人身上都会呈现指挥者、影响者、支持者和思考者的特质；D、I、S、C 只是特点，本身并没有好坏、对错之分。我们需要更清楚地了解自己，结合在不同场景下所展现出来的个人风格，再做出自己的改变或行动。

改变是不会突然发生的，通常是由某件事情所触发，我们从沮丧到充满力量，会经历四个步骤：**愿望、觉察、接纳、行动，这就是自我鼓励的过程**。自我鼓励就是激励自己，专注于努力和进步，帮助自己重新养育内在，学习为自己而改变，学习在尊重的基础上为现实生活中的问题寻找解决方案。

愿望，就是一个开始，当有了强烈的愿望想要改变时，我们就会采取后续的步骤。所有的这些障碍都需要自己去面对并且保持觉知，这样我们才会改变。即便有人告诉你"你需要改变"，但是，在自己没有更加明确的愿望之前，改变不会真正开始。

觉察，就像在一个漆黑的房间里有人打开了灯。我们在想一些事或说一些话甚至是做一些事的时候，大脑常常会开启自动模式，然后瞬间完成。如果我们有觉察的能力，就可以在瞬间完成之后，捕捉到自己的思考、感受和行为模式。觉察也是一种能力，这种能力可以通过刻意练习得到强化。

接纳，就是停止比较和批评，或者认为自己毫无价值，要求我们将自己的想法、感受与行为、自我价值区分开来。我们可以对自己说："它就是这样的，这是事实，不是一种评判，这只是信息而已。"

没有接纳，改变就是暂时的。我们可以鼓励自己说："你本来的样子就已经足够好了。"这对改变是有帮助的。如果我们听到自己的回应："是的，但是……"或者"要是……多好"，说明尚未实现对自己的接纳。

行动，是在我们真正做到接纳的时候，就自然而然发生的。当我们开始接纳自己，就会发现这个世界充满各种各样的选择。当我们不再过多地关注自己的错误或者在意给别人留下的印象时，就能以更加开放的心态去尝试新的想法和行动。

DISC 让自我鼓励更简单

马斯顿博士说，每个人身上都有 D、I、S、C 4 种特质，只是比例不同而已。有相对明显的特质，也有不明显的特质，但每个特质没有好坏、对错之分。我觉察到自己的风格类型，并接纳这个类型的明显特质及它可能需要弥补的特质，再做出适当的调适和改变，让自己更舒适，也能让我周围的人更舒适。正如海峰老师常说的：

“独处时照顾好自己，相处时照顾好对方。”

我们的改变并不意味着身边的人会对我们不同于以往的行为感到舒服，有时候周围的人甚至会怀疑我们是不是有什么问题。即便是这样，我们也要知道唯一能改变的人就是自己，只要我们坚持改变自己，就能赢得他人的接纳。

接下来，我们结合 DISC 来更好地自我鼓励。

DISC 强调一个人的行为是可以调整和改变的，特别是在有意识的时候。DISC 就是这样一个用科学方法了解人们行为风格的工具。它有两个维度：第一个维度是“任务 - 人际”维度，第二个维度是“直接 - 间接”维度。

我们需要觉察自己在特定的场景里所展现的是什么风格，是关注事还是关注人？如果觉察到自己关注事，接纳自己已经在关注事上做得很好了，并问问自己在如何关注人上可以做出哪些调整。如果觉察到自己关注人，那么在如何关注事上又可以做出哪些调整呢？

第二个维度可以理解为有些人比较快和主动，有些人相对比较慢和被动。如果觉察到自己比较快和主动，那么就需要留意会不会因为快而欠缺考虑或太直接了，可以做出怎样的调整。如果觉察到自己比较慢和被动，又可以做出怎样的调整呢？

我们一定要先有自我的觉察能力，感知到自己的行为类型，并接纳自己的风格。

学会小步前进

我有了很强的愿望，要让自己的生活越来越好。不管是在婚姻、孩子教育还是工作中，当我在某个场景下展现出个人风格时，我就会刻意觉察一下自己的行为类型，并及时调整。

有一次，我在外地出差，孩子周末需要上辅导班，我就把送孩子上课这件事交给了先生。先生同意了，也确定中午可以准时送孩子去上课。就在我以为所有事情都已经安排得很好的时候，孩子一边哭一边打电话给我，告诉我还有半个小时就要上课了，爸爸不在家，孩子打电话问爸爸，爸爸说不一定能回来送。我思考了一下，马上安抚孩子，让她再等等，我知道这个时候打电话没有用。过了30分钟，孩子打来电话告诉我，她已经到学校了。

我马上与先生微信沟通：今天为什么没有及时回来送孩子？如果有事为什么没有提前沟通？先生一一回答了我的问题。我继续追问：如果有事无法接送，有什么办法解决？先生又做了回答，我还不放过他，继续提问：请分析一下从今天这件事情上你有吸取到什么教训？下次如何避免？

几个回合下来，我突然觉察到自己好像哪里不对劲。我关注事情，条理非常清晰，追求把事情做好，而且有高标准，但我发现我在与先生的沟通中明显已经有了情绪，我是不是应该调整，多关注一下人呢？我是不是可以稍微调整一下自己的标准，不对别人有那么高的要求，而且我突然意识到孩子刚好赶上，并没有迟到。

我没有再通过微信回复信息了，晚上打电话给先生，感谢他今天在最后一刻克服困难准时送孩子上课，也希望他可以理解我对于孩子上课准时的期望和自己对准时的高标准要求，还探讨了以后遇到这样的事情我们可以做哪些事情，能够既解决事情，又可以使心情舒畅。我也和孩子做了沟通，以后如果有时间上的问题，要学会调整自己，学会耐心等待。

沟通完之后，堵在胸前的大石头好像一下子就不见了，头顶的乌云也变成了太阳，觉察就是这么奇妙。

记得有一次，孩子放学回家后打电话给我，说她想画一下画再写作业，我直接怒吼："现在都什么时候了，哪里还有时间做其他事，复习的时间都不够，还想着画画，一点都没有想着学习，怎么能学习好啊！"孩子悻悻地说："我就不应该给你打电话。"随后就挂了电话。

我关注孩子的学习，这本身没有错，我接纳自己的特质和对目标的看法，但我需要调整一下，关注孩子个人的感受或她自己的想法是什么，也许她已经规划好了一天的学习计划，也许劳逸结合的效果会更好，学习重要，兴趣也很重要。

思考了一下，我拿起电话拨给孩子，电话的那头，孩子没有任何回应，我说："宝贝，妈妈刚才的说话方式不对，我没有控制好自己，我向你道歉，对不起，宝贝！妈妈有时也会犯错，请你原谅。我想听听你自己画画后的安排。"我以为孩子还在生气，结果我听到了孩子欢快的声音："妈妈，我很开心，我会去做作业的，我会安排好时间复习的。"

放下电话，我轻松舒畅很多，甚至有点小雀跃，我为自己有了这个觉察能力并付诸行动而开心。

在一次会议上，领导希望通过召开一个员工会议来启发大家，交代人资部完成此次会议的组织和统筹。当我听到这些信息的时候，我觉得领导的想法非常好，也符合现在的需求。而自己能做的是支持会议，扮演好参与者的角色，协助人资部把会议完成就可以了。

散会后，我坐在座位上思考刚才的经历，领导的想法是通过一次会议让大家产生思维上的转变，一次会议就可以做到吗？人资部需要什么呢？我有什么资源或能力可以让这次会议实现领导希望达成的目的呢？想清楚后，我马上做了一份会议内容和流程的建议清单，并就自己对此次会议的理解做了清楚的阐述：会议的目的、如何达成目的、会议中可能出现的问题、前期的准备、后续行动等。

之后，领导会同我和人资部负责人一起将会议的最终内容和形式确定了下来。没有想到会议取得了非常大的成功，会议启发了大家的创新思维，也成为大家思维转变的关键契机。

此事之后，我很有成就感，也很欣慰，觉察能力让我从一个参与者变成一个活动的推动者与合作者，让我在工作中发挥了最大的作用。原来只是一个小小的觉察就让我主动前进一小步，但这一小步让我和同事们都有了不同的体验和收获，太让我惊喜了！

改变是一个极为艰难的过程，我反反复复经历了很多次失败，甚至回到原点。我知道：改变，往往是进两步、退一步。正因为这样，我们才需要更加努力和坚定，不断前行，让自己的改变更加有意义。

现在，在大多数情况下，我可以非常平和地应对自己的情绪以及面临的各种挑战。我鼓励自己，也为其他有需要的小伙伴提供鼓励支持。就像 DISC +社群所提倡的，我们要抱团成长，我们也可以互相鼓励成长，我愿意与探索自我和关注个人成长的小伙伴携手前行，活出精彩的人生。

唐诗吟

DISC+讲师认证项目 A0班毕业生
组织行为学与人力资源管理硕士
国家认证心理咨询师
国家认证人力资源管理师

3. 情绪觉察
——内心成长的“打怪升级”

在面对各种职业发展、关系处理等问题时，我们通常无法清晰地了解自己内心真正的想法。情绪作为我们内心向大脑释放的最明显的信号，却常常被我们忽视，久而久之我们开始变得麻木、迷茫。本以为可以通过回避一切而求得安宁，但生活总会在有意无意间通过各种各样的插曲击中我们的雷区，让那些沉睡已久的情绪再次爆发，甚至失控。

情绪真的有那么可怕吗？这些情绪在我们的人生中是以何种关系或意义存在的？真的是因为外界不可控因素导致我们随机体验到这些情绪的吗？这些情绪到

底是怎样的？只要控制好这些情绪不再爆发，我们的生活就能轻松自在了吗？

这一系列问题都可以上升到探索人生的哲学问题，也关乎生活中的每个细节。人生的各种不如意往往都在通过情绪影响我们，而觉察情绪是与情绪和谐相处的第一步，也是我们实现身心平衡、内心成长的开始。

关于情绪那些事

人生就像一场游戏，每个人来到这个世界上注定要"闯关"，而每个人关卡的设置不同、形式不一、难易有别，这也使得我们的世界丰富且多元化。对于我们个人而言，情绪则是我们的关卡向大脑所发射的刺激信号，暗示我们需要从哪些方面入手，进行内心成长之路的升级。

心理学对情绪有一个著名的比喻——"大象和骑象人"：情绪就是那头不受控制的大象，而一心想控制这头大象的骑象人则是我们的理性思维。大象有一套自己的行为风格和独特的表达存在感的方式，而骑象人之所以难以控制大象，往往是因为骑象人明明知道这头大象实实在在存在着，却假装看不见也不愿承认它的存在。于是大象不断壮大并越来越不受控制。

一味压抑、控制情绪，以一种回避、忽略、麻木的状态来应对那些负面情绪所带来的痛苦，只会使我们陷入这种负面情绪中无法自拔，还会影响我们的身体健康。

情绪与五感的关系

关于情绪，相对全面的解释是指多种感觉、思想和行为综合产生的心理和生理状态，是对一系列主观认知经验的通称。这里提到了三项与情绪相关的因素，即感觉、思想和行为，其中的关系通常是：我们通过五官来感知这个世界，通过思想认知对这些感觉赋予意义，通过情绪的产生来驱动行为，同时影响情绪。

眼、耳、鼻、舌、身，我们的身体都知道

眼、耳、鼻、舌、身是帮我们在这世间探索万物最直接、最实用的工具，因此它们所得到的是第一手资料，包括我们内心散发的所有信号。在信息的获取、运输与储存过程中，我们诚实且勤恳的身体并不会判断信息的对错，只会跟随内心的需求运作，也就是说它知道我们内心真正想要的，但它并不知道从世俗角度看我们想要的是否是有价值的。对于我们的内心，我们的身体什么都知道，并且它会忠于内心，把所有信息都保存下来。只是我们的大脑具有一定的局限性，从而难以全面地接收内心及身体所释放的信息，包括情绪这一暗号。同时，外界形形色色的信息涌入我们的大脑，并转移着我们的注意力，中断了我们与身体的联结，令我们更加难以听到内心的声音，迷失于花花世界。

在感觉与情绪方面，通常我们感觉所得到的信息都需要通过我们的认知“加工”来产生相应的情绪，而在威胁我们生命安全的情境下，相关的一些情绪反应是本能的反应。例如：当我们看到恐怖或血腥的场面时，我们会本能地产生害怕、抗拒等情绪以自动且及时地采取防御性行为；当我们受到烫、刺等触觉刺激时，会本能地产生烦躁、愤怒等情绪以驱动自我保护的行为。也正是这些情绪反应使得我们以更安全、更健康的状态生存在这个世界上。

意，我们的思想认知赋予世界意义

有学者认为情绪就是我们通过评价客观事物是否与自己的需要相适应而产生的态度体验，是我们衡量客观事物与自身需要之间关系的反应。也就是说，我们后天的思想认知往往通过赋予我们感知到的某事物以某种意义，从而构建起感知到的该事物与情绪之间的反应关系。例如在当前的社会背景下，孩子学习成绩不好往往被认为是没有出息的、没有颜面的，从而使得学生、老师和家长常常因成绩而身陷焦虑情绪，难以自拔。正如情绪 ABC 理论创始者阿尔伯特·埃利斯所说的那

样，正是由于我们常有的一些不合理的信念才使我们产生情绪困扰，而如果这些不合理的信念持久性地存在，便会引起情绪障碍。

此外，关于我们的"意"，值得一提的是，思维认知在构建感觉与情绪之间的反应关系中所起到的作用有时是根深蒂固、潜移默化的，以至于我们难以想象和感受得到。我们通常会认为闻到臭的味道而产生抗拒的情绪是一种本能，但事实是人的这种反应是后天习得的，只是已经内化为一种自动化的反应机制。有实验表明，出生不久且已具备嗅觉能力的婴儿在闻到臭味时，并未产生任何不适或反抗的表情与行为反应，而随着不断模仿大人的表情及行为习惯后，婴儿才开始对臭味产生不适的表情与反抗行为。因此，在我们的认知形成过程中，成长环境是极其重要的影响因素，原生家庭则成为培育我们思维认知、滋养我们内在情绪的关键"土壤"。

行，千姿百态为世界添色彩

了解 DISC 理论的人都知道，马斯顿博士通过一本《常人之情绪》使得 DISC 行为风格理论出现在世人眼前，这让我们都关注到情绪与外在行为表现之间有着密不可分的关系。这也使得我们清楚地认识到在某些情绪的驱动下，我们会不由地产生相应的行为反应，并且这类行为的出现通常是一种自然流露或是本能反应，我们需要花费一定的精力和意志才能有所克制。比如，在自身利益受到侵犯而产生愤怒情绪时，我们可能会运用拍桌子、抱胸、双手叉腰等 D 型行为特质来进行防御；在与非常要好的朋友聊天并产生共鸣时，可能话开始变多，呈现出一定的 I 型行为特征来推动谈话进入下一个高潮。当然，这里说的"行"，从狭义角度看，包括了外在行为和语言；从更广义的角度看，还可以包括表情、姿态等身体语言和气色、疾病等身体状况，也正是这一系列的外在表现和状态，使得世界多元化。

那反过来，某些外在表现是否又会影响情绪呢？20 世纪 60 年代，美国心理学家詹姆斯·莱尔德通过临床试验发现，当收紧下巴和皱眉的时候，人会不由自主地想一些令其生气的事情，并无法控制这种愤怒的情绪；并通过其他一系列相关实验证明了"行为及表情会影响情绪"，对此他提出了"我快乐，因为我在唱歌"这一著名理论。因而，我们可以通过感知自身的行为倾向及可感知到的身体状态去反观自己的心境（即比较微弱且持久的、让人的所有情感体验都染上某种色彩的情绪状态）；通过观察自身的个别行为表现，去洞察自己的情绪变化；也可以通过观察别人的行为特征去理解他人的情绪状态，并给予相应的反馈或支持，以使相互之间的沟通更加畅通。

情绪，无时无刻、无孔不入地渗透于生活

我们同样从身体感官、意识认知和健康状态三个方面去认识与觉察情绪对我们的影响。

情绪记忆，我们全身心都在感受情绪

正如前文所提到的，对于我们的一切，身体都知道。关于情绪，我们的身体通过“情绪记忆”来收集、输送与记录信息。情绪记忆，顾名思义，就是个体对曾经体验过的情绪和情感的记忆，也就是说让我们体验某种情绪的事情已经过去，但这种情绪体验一直停留在记忆里。这种记忆往往超越我们显意识认知上的记忆，它是一种很深的、潜意识化的记忆，我们一般很难控制，在很多情况下也难以觉察，而在某些特定的场景或状态下，情绪记忆会将对应的情绪激活，使个体在一定时间内再次沉浸在该情绪状态下，而在这个过程中，情绪记忆很可能被再一次加深。

从神经学的角度去解释，当个体经历某事件而体验到特定情绪时，人体的下丘脑便开始合成一种带有该情绪记忆的小链氨基酸，专有名词为胜肽，并且它将通过脑垂体释出，跟随血液来到全身的各个位置。人体内无数个细胞的细胞膜拥有成千上万个“受体”，当其与这种胜肽发生反应时，胜肽中的化学因子（包括其中的情绪记忆因子）便进入细胞，使得该情绪记忆遍布全身各个部位。也就是说，当我们因为某件事而愤怒时，很快我们全身上下的每一个细胞都沉浸在愤怒当中，并且形成记忆。而身体在情绪记忆因子的作用下，使得我们在日常生活中对能够激起该情绪的外界因素尤为敏感，这就让我们像“情绪上瘾”一般持续或频繁地体验相应的情绪。这也是为什么有些爱生气的人总能在生活中捕捉到生气的点，从而成功地再次感受到愤怒情绪，甚至有的时候会莫名地生气。

情绪与原生家庭，父母是因，孩子是果

原生家庭是个体成长的“土壤”，个体的行为风格及背后的内在情绪都与其息息相关。个体在出生后，首先通过镜像神经元学习，即一种“间接经历”性的模仿行为，来探索这个世界。关于这一点，有个“火中取栗”的例子，即当猴子看到猫从火里取出栗子时，手上的毛都被烧了，并且还露出痛苦的表情时，它便知道靠近火会受到身体上的伤害并伴随着痛苦，于是在未来的生活中便会远离火源。孩子的模仿力与学习力远超成年人，在日常生活中，父母的任何一个小情绪、小动作、小表情都将向孩子传递关于这个世界的信息，并促使其逐渐形成稳定的思维认知，就像前文所谈及的婴儿识臭的实验。所以，父母是孩子最好的情绪示范者，孩子是父母最好的情绪镜子，父母的情绪表达方式、情绪管理方式都在用最生动的镜像方式教会孩子如何表达情绪及如何应对。

个体通过“直接经历”的方式在与父母的互动中感知这个世界，并内化为一种相对稳定的情绪状态与人格特质。孩子对父母的爱是绝对忠诚和极度渴望的，在孩子与父母的互动中，若未能满足孩子对爱的需求，久而久之，孩子便开始不自信、缺乏安全感，并被焦虑、回避、委屈等负面情绪伴随。当然，孩子对父母的爱的需求和渴望常常会以希望被关注、被认可、被接受、被拥抱等表现形式来呈现。此外，孩子在面对与父母的互动时，若父母间的关系存在裂痕，无形中也会给孩子带来分裂感，担心、害怕、悲伤等情绪便开始出现，长此以往，孩子会以一些例如学习动力不足、极度顽皮、多动症、身体健康状况等等状况转移父母的注意力。倘若在此过程中，父母一方经常在孩子面前数落另一方的不是，忠诚的孩子还会产生压抑、烦躁、愧疚等情绪。在这一系列的情绪驱动下，孩子在意识层面可能会产生抗拒或不满，无形中还会通过一些其他方式来表达对父母忠诚的爱，例如呈现出与父母相似的行为、背负相同的情绪“包袱”，甚至经历类似的人生“磨难”等。

因此，孩子所呈现出的性格特质、行为风格、学习/工作状态，其背后都与父母有关，可以说父母是孩子的“因”，孩子是父母的“果”。而在日常的亲子互动中，父母往往将目光关注在“果”上，常常纠结于如何让孩子变成自己期望中的样子，而不是聚焦于“因”上，去探索如何让自己心灵成长，让内在的爱流动起来，为孩子提供

良好的环境，让孩子成为一个独立的个体。

情绪与健康，察觉疾病对你的控诉

人生是一个不断追求爱的过程，而负面情绪产生的根源在于我们在渴求爱的过程中受到了阻碍。我们从小在父母的期待下成长，无形中会产生这样的潜意识——“只要我足够优秀，只要我能够达到父母的要求和标准，我就可以得到父母的关注，他们就会爱我；只要我更优秀，他们就会更爱我”。也正是在这种潜意识的驱动下，在未取得满意的成绩时，我们会感到挫败；在学习或工作节奏放慢的时候，我们会感到焦虑，害怕自己变得一无是处。这也使得有些人喜欢把工作、生活安排得满满当当，赶场子似的到处学习；有的人便破罐子破摔，默认自己一无是处，回避进取机会或避免与人亲密。而当这些情绪被我们忽视，没得到恰当的疏导与释放，这种情绪堵塞还会通过生理上的病痛来告诫我们。正如同弗洛伊德曾说：“被压抑的情绪和心理冲突是导致躯体功能失调的致病动因。”

那么，若要让我们内在的情绪往积极的方向发展，让生活更加自在、轻松，我们首先应当认识这些情绪，并看到这头“大象”。

透过 DISC 行为风格，聊聊情绪

前文我们提到行为与情绪间有着密不可分的强相关性，DISC 行为风格理论为我们洞察当下的自身情绪与理解他人的内心动态提供了强有力的信息。当然，这并不意味着某一特质背后就一定或一味地对应某一种情绪，这只是为我们洞察这些情绪提供一个参考与提醒。

D 者高能，情绪易怒

D 特质高的人做事讲求效率，关注事情，以结果为导向，通过实现目标来获取成就感；在生活和工作中，不愿权威被挑战，更害怕看到自身的不足；情绪易怒、缺乏耐心，态度直接、果断，令他人有压迫感。

在这些特质的驱动下，这类人往往不太在意他人感受，容易在遇到别人的攻击时，爆发出更强的战斗力，也容易给人贴上标签，主观地判断别人；经常会呈现握拳、叉腰、抱胸等攻击性或防御性动作。

因此，在一段时间内频繁呈现 D 特质状态或行为时，我们可以更多地关注其背后的愤怒，甚至是这份愤怒背后的恐惧。关于愤怒，通常是在我们自身的安全、利益以及自我空间受到侵犯，或在我们的愿望不能实现及为达到目的的行动受到挫折时所产生的一种紧张而不愉快的情绪。虽然愤怒状态容易令我们冲动而做错事，一定程度上还会伤害我们的肝脏，但它也为我们带来了许多正面意义，如它为我们提供了更多的力量与勇气去做我们日常难以完成的事情，表达我们平常不敢说的话，将我们内在本我中的攻击性释放出来，捍卫我们本该有的权益。

我们可以洞察并允许愤怒的存在，也可以尝试探索并看到其背后的原因。通过合适的方式释放愤怒，同时看到它所带来的正面意义，与其和平共处。

I 者健谈，乐观主义

I 特质高的人动作快速，思维灵活；表情多样，肢体语言丰富；精力充沛，直肠子、真性情，任何情绪均写在脸上；善于表达自己，情绪来得快，去得也快；是标准的乐观主义者。

在群体活动中，I 特质的人是不可缺少的气氛担当者，他们不会让气氛陷入尴尬，在与人交往的过程中，他们容易感到高兴，且难以掩饰兴奋，通常是别人眼中的“开心果”。

此外，由于他们更加关注人，尤其是关注自己，因此遇到自己不满或不感兴趣的事物时，都会以自己的方式表达出来；同时有着强烈的表现欲，以期获得他人的肯定、赞美与支持，这些过程也使其内在的负面情绪能得到更好的释放。但由于在沟通中，他们爱说话且行为快过思维，有时候说的话可能会引起旁人的不适，从而带来不必要的麻烦。

因此，I 特质较高的人对于他人的感受与立场应有更多的觉察。

S 者稳健，逆来顺受

S 特质高的人情绪控制合宜，起伏小；有耐心，行为易预测，立场超然，合作意识强；在与人的交往沟通中，通常会通过隐忍或让步来避免冲突，不会拒绝别人，同时也怕给别人添麻烦而自己默默承受，因此他们喜欢在稳定且有保障的环境下工作与生活。

与 D 特质高的人有所不同，S 特质高的人因怕得罪别人而不会给别人带来压力；与 I 特质高的人相比，S 特质的人同样关注人，但更关注别人，以避免给他人带来不适，带有一点逆来顺受、缺乏主见、自信心不足的特征。其背后可能因为缺乏认可与支持，从而滋生一种“不配感”，并且这种感觉常常会伴随委屈的情绪。

委屈，通常出现在小孩子身上，当父母没有满足孩子的需求时，孩子就会感到委屈，形成自己不够好、自己没有资格得到爱的认知。如果孩子带着这种委屈情绪长大，在与他人互动时就会在无形中感觉到委屈。这种情绪一旦出现，其深层含义就是把自己放在低位，把对方投射成高高在上的父母或长辈，认为对方有操纵自己的权利。

因此，在人群中常常被忽略的 S 特质者，倘若你洞察到内心的委屈情绪，请看到那个没有被照顾好的小孩，真实地表达你内心的不满与委屈，说出你的需求与渴望，让内在成长，让你以更成熟、更有力量的姿态去面对一切。

C者精准，完美主义

C特质高的人关注事情的细枝末节，做事讲求精益求精，追求精准、细致和专业性，凡事高标准；逻辑性强、慎言慎行，习惯在一定的规范流程下有条不紊地开展工作。由于对事物要求高，乐于在做事的过程中获得成就感，其较难容忍他人的错误，并且遇到问题容易钻牛角尖。其面部表情略显单一，外人难以从面部表情发现其内心动态与情绪反应。

对于C特质者来说，与人交往是一个复杂、非强逻辑性且不可控的事情，因而在人际交往的过程中，其通常采取回避型行为反应，避免与他人过于亲密，也不爱与陌生人交流。

在C特质者强调依据、秩序的背后，也透露着对事情失控的恐惧。恐惧，是生物维持生存的第一重要工具，驱使我们采取保守策略以减少自我资源的损失。恐惧是指不愿付出以为需要付出的代价，也就是说我们认为某事物会令我们损失一定资源或需要付出一定代价，而这些损失与代价对我们来说是重要的，也是不想发生的，我们面对该事物时便会产生恐惧，它通常是不安、担忧、紧张、害怕等一系列相关情绪加剧而延伸出来的。当内在的那分恐惧未被察觉，其便会在无形中控制着我们，使我们逃避不前，或者令我们将压力指向外在，同时又在内心抗拒这分恐惧。恐惧情绪透露着内心的不安全，对世界和人的不信任。

其实，DISC四种行为风格背后都存在着引起恐惧的特质点，D特质者通常害怕自己的权威受到挑战或是被他人利用；I特质者虽然是个乐观主义者，但当其不被自认为重要的群体或团队所接受时，往往也将陷入焦虑与担心状态中；S特质者则害怕自己成为他人的负担而给对方带来麻烦，也担心因为自己的行为或语言让他人不悦而引起冲突；C特质者则如前面所说——害怕失控。

面对负面情绪，我该怎么办

“看到是疗愈的开始。”正如前文所说，情绪“大象”之所以会失控，是因为它确确实实存在却未被我们看到与承认，因此在面对负面情绪时，我们首先需要看到它，然后便是接受和转化它。

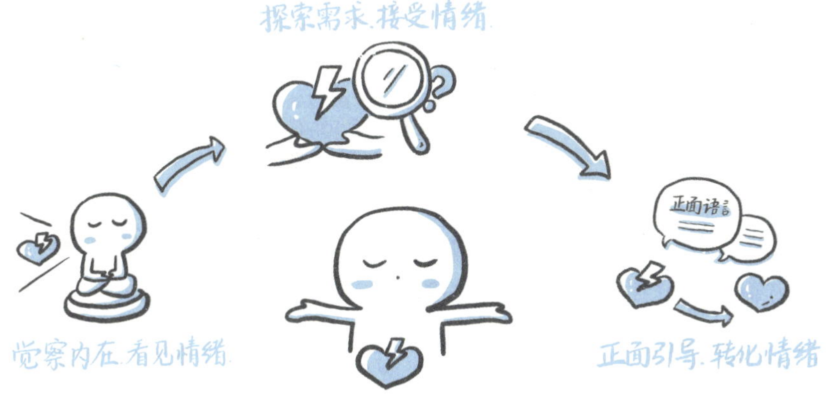

“觉察内在”，看见情绪

看见情绪，即通过觉察承认负面情绪的存在。我们的大脑每天都需要处理亿万条外部信息，导致我们长期忽略自己的真实感受与身体变化，因而在面对负面情绪时，我们必须让大脑安静下来，形成觉察的意识与习惯，看一看我们的行为呈现出什么特质倾向，想一想我们内在有什么感觉，查一查我们的身体有什么变化。

在情绪到来时，我们可以先通过深呼吸、做几组眼部活动或腿部深蹲的动作让大脑的思维停下来并放空，带着觉知、不带逻辑评判地去感受内在的那份情绪，以及这份情绪所带来的身体上的变化。例如，当我们悲伤时，可能会感觉到心脏像被揪成一团，并且疼痛集中在这一团的中心，眉毛不由地皱起等。在这个过程中，我们可以用具体且真实的语言与身体或内心进行沟通，比如“我现在感觉很伤心”“我感觉我的心脏揪着疼”“今天的某件事情让我感到非常悲伤”等。

这一系列做法都基于我们与身体有良好的沟通，通过觉察向内心表达我们的真实情感，去传递我们的爱。

“探索需求”，接受情绪

任何情绪背后都有着更深的情感需求，尤其是频繁或持续出现的负面情绪。因此，在觉察情绪后，我们需要尝试基于情绪及感受本身，透过相应认知去探索背后的情感需求。通常这种情感需求都来源于希望被肯定、被看到、被认可、被接受等渴望爱的需求，也有一部分来自创伤经历所留下的情绪记忆需求。若进行更深一步的探索，这种爱的需求往往来源于我们渴望与父母关系亲密，小时候越缺乏父母的爱，长大后的需求则越强烈，伴随的相关情绪也更加强烈或频繁。

领导批评我们某项工作没有做好，我们产生焦虑和委屈的情绪，其背后可能是希望得到他人的肯定，希望证明自己是优秀的、值得被爱的，再进一步探索，可能是从小我们的父母对我们要求较高、否定多于鼓励与赞赏，以至于我们认为需要不断努力达到父母的要求，父母才能够更爱我们一些，当我们逐渐长大后，则会不自觉地将这种认知与情感需求投射到了老师、领导等身上。

通过这样一系列的探索，可以看到负面情绪存在的合理性，也可透过情绪进一步了解我们人生的这一关卡到底是什么，以一个更为全面的视角和更坦然的状态去接受这种情绪的存在。

“正面引导”，转化情绪

每种情绪都有存在的合理性与意义。我们在面对一些负面记忆时，由于过于关注其中的负面因素而使得我们很想忘掉该记忆，但大脑又在一遍遍的反向暗示下越发记忆深刻。

情绪记忆也是如此，我们越是想快速消除或压抑负面情绪，这种情绪就越容易被激活，甚至失控，成为我们人生中的关卡。但凡事物都有两面性，通过我们的情绪探索，可知负面情绪的存在情有可原，同时负面情绪也的确会为我们的生活带来一定的正面意义，尤其是在我们内心成长的道路上，它充当的是一种“攻略性”的提示信息，例如，愤怒为我们带来了力量，长期且频繁的愤怒让我们看到了内心需要疗愈的创伤。

在这个过程中，我们同样可以用一些正面的语言激励自己，如**“感谢我的焦虑，让我成为对社会有贡献的人”“我有权感到悲伤，我也有权选择过轻松快乐的生活”**等，即通过正面的引导，逐步转化内在的负面情绪。通过看到其中的正面意义，以更积极、更放松的状态接纳负面情绪。

愿我们都能有一个灿烂、绽放、阳光、轻快、充满生命力的人生，让我们的爱流动起来，去承接我们家族给予我们的力量，去养育我们的后代。

丁妍汐

DISC国际双证班第72期毕业生
千悦本能跑法内训导师
比戈一级跑步教练
全国高级健康管理师

4. 马拉松
——战胜自我的奔跑

在朋友圈里，跑步打卡的截图越来越多了；偶尔出差，行李里也要备一双运动鞋，趁着空闲出门跑一跑。在练习一段时间后，很多人有选择地参与马拉松赛事，从本地的到外地的，甚至不远万里飞到国外，用双脚丈量一座座城市……跑得越久，大家对跑步的执念只增不减，直至把它当作有规律的生活方式的象征。

跑步是一支清除嘈杂烦扰的镇静剂，也是一眼让创意喷发的灵感源泉，为我们平凡的生活打开一扇窗户，使我们有机会在不断突破自我的边界中，触碰更高更广阔的世界。跑友们用马拉松的名义相约看世界，享受运动所带来的健康、欢乐、和谐。

我的马拉松

马拉松是一项考验耐力的长跑运动，分为全程42.195千米、半程21.0975千米；世界大满贯赛事有波士顿马拉松赛、伦敦马拉松赛、柏林马拉松赛、芝加哥马拉松赛、纽约马拉松赛、东京马拉松赛，这些赛事代表当今马拉松运动的最高水准。

我一直认为，人在生病和极度疲惫的时候，是非常真实和虔诚的。如果要给坚持参加马拉松找一个理由，那就是创造一段“刻骨铭心”的旅程，和自己的内心对话，考虑生命存在的意义和价值。当目标清晰、目光澄澈、内心充盈，定能战胜自我，所向披靡，克服万难。

2016年以前，我常常重装徒步、跳Salsa、练瑜伽，却从未特别关注过马拉松这项运动。直到某一天有一位好友说，他参加马拉松比赛拿到了奖牌。在好奇心和“羡慕嫉妒”心理的驱使下，我也加入了马拉松行列。

我先从慢跑开始练习。一个人傻傻地在院子里绕圈，一圈又一圈，没几步就气喘吁吁，走走停停，有时候跑到一半就想放弃。我通过设立目标+小奖励，硬着头皮坚持下来。

跑得久一些后，脚下的步子轻松了，体重降低，整个人也纤瘦了很多。我慢慢享受跑步的过程，如少年的初恋，青涩美好。

终于，我也可以参加马拉松了。

第一场赛事选择了周口马拉松赛。从选择赛事报名、科学训练计划、跑姿纠正、磨合装备、全营养饮食等等，我认真地准备着每一个环节，求助网络、书籍，并虚心向前辈们请教。在比赛的前一夜，再次一遍遍检查比赛需要的补给、装备，兴奋到很晚才入睡……记得第二天，天亮得很早，距离正式开始还有两个小时，我就到达了赛场，存衣服，做热身准备。

现场人声鼎沸，来自五湖四海的跑友们相聚在一起，不问工作、年纪、家乡，欢聚一堂，相拥问好。发令枪响后，大家带着必胜的决心，欢呼着冲出跑道。有人常常把人生比作马拉松，其实反过来也是成立的，跑步也像人生，在每个阶段都急不得、替代不得，需要脚踏实地一步一步去完成。

前 5 千米是控制速度的关键阶段，如果按捺不住自己的兴奋，打乱"作战"计划，等待着你的就是后半程的崩盘。

到达 10 千米的时候，赛事已经完成了 1/4，进入补给站的频率和时间明显增多；志愿者、医疗救护者密切地关注着每一位跑者，不时递上喷雾、水果和饮料；看到马路边男女老少都在为我们呐喊助威，这一声声"加油"回荡在耳边，脚下的步子也轻松许多，我往往会竖起大拇指微笑着回应：谢谢你们，辛苦了。

在 22 千米半程过后，赛道上的人明显减少了，我心里不免有些失落和孤单，身体也沉重很多，我会为自己鼓劲，妍汐加油，你可以的。

29 千米到 35 千米，是跑友们耳熟能详的"撞墙期"，是赛事中最难过的一个阶段。想放弃比赛，真的不想跑了，甚至对参赛产生质疑；全身都开始痛，从小腿到臀部到肩颈，脚趾上的水泡也会在这个时候破掉，旧疾、伤痛复发；走路的跑友越来越多。但是自己选择的比赛，怎么能轻易放弃呢，跑者不服输、死磕到底的精神也在此时爆发：无论风雨兼程，爬也要爬到终点！

我最喜欢在这时思考一些过去的人和事，无论何人何事，都是人生的一段段插曲，我们能做的，就是不畏过去，不惧将来，大步向前，勇敢、坚定地迈出每一步。转个弯就到了 35 千米处……离 42.195 千米又近了很多，"加油"依旧回响不断……

过了 40 千米，就是人生最漫长的 2 千米，也是最容易出事故的阶段。面对攒动的人群、摄像镜头和终点，要保持出发时的忍耐和谦虚，坚决冲刺、面不改色、不慌不忙地微笑挥手、越过终点线。

当跑过终点的刹那，我和内心和解，我为完成这次马拉松而骄傲，我向生命致敬。

当跑过第一场马拉松，我开始期待第二场、第三场……开始渴望挑战超级马拉松、尝试越野赛。在一次次的挑战中，我人生的维度也慢慢展开。我发现能做的事情很多，比如做赛事医疗志愿者、做配速兔、做医师跑者。在每次的奔跑和思考中，我也慢慢成长着。在业余时间,我做了跑步教练,把跑步的知识和经验分享给身边更多的朋友。

发挥 DISC,让马拉松成为可能

调用 DISC 特质,普通人也能参与马拉松。如果把成长和发展分解,可以按照**目标—行动—坚持—调整**拆分这条路径。

目标:发挥 D 特质,设立目标

目标会激发决心,是指引行为产生前进动力的源泉。只有树立目标,真正关心所做的事情,我们才有可能做到全情投入。

调用 D 特质,不仅仅是凭借毅力去支撑,而是用心去热爱生活,关心自己,真正把跑步、早睡早起融入到生活中,不急不躁地一步步跑下去。通过科学锻炼,在努力提高身体素质和免疫力的同时,也在跑步的过程中斩获自由和自律,并给人以信心和力量。

作为跑步教练,我的愿景是陪伴千万家庭健康运动,愉悦身心。每当遇到挫折或者诱惑时,"影响千万个家庭"这个沉重又令人欢喜的使命,就成了我的精神食粮和前进动力,督促我大步前行。

行动:发挥 I 特质,享受快乐

发挥 I 特质的跑友,将会是跑圈里最闪亮的那颗星星。选购靓丽的专属跑服、背包等装备，在朋友圈晒跑步图片，在跑步群带大家互动，在帮助别人的同时鼓励自己跑得更好。

经济条件允许的话，除了参加国内比赛外，还会尝试参加国外的比赛。惬意开怀的性格和生活，让所有人羡慕。

在设计训练时，I 特质也可以使训练变得丰富有趣一些，如交叉训练瑜伽、游泳、爬山、自行车等运动项目。

成为教练以后，我努力调用 I 特质，尽可能地照顾到在场的每一位学员，用幽默、诙谐的语言鼓励大家。对于课程的编排，我会根据学员的需求、市场的变化而不断更新，**以对人本身的认知与尊重为核心，一切训练以理解并敬畏训练项目为前提**；并且和学员有良好的互动。这样主动、亲切、高频的互动，也需要调用 I 特质。

越参与，越收获，我没有想过爱好会为自己带来收益，也真心享受知识分享所带来的快乐。我也期待在自己的影响下，越来越多的朋友加入马拉松的行列。

坚持：发挥 S 特质，掌控自律人生

S 特质，意味着毅力、爱心、耐心和踏实，也是一种“咬定青山不放松”的精神力量——由坚持而逐步养成的习惯。跑步是枯燥乏味的，能够坚持不懈就难能可贵。**试问，连 42.195 千米的马拉松都能跑下来，在生活中还能被什么事情难倒？**

庚子鼠年，突如其来的疫情打破了原本祥和的新年，把每个中国人都卷进了没有硝烟的疫情防护战中。与此同时，钟南山院士坚持运动的话题也在网络上热传。钟院士常常说：“锻炼就像吃饭一样，是生活的一部分，我们要建立一种观念，就是要一辈子运动，这样才能享有比较好的生活质量，最大的成功就是健康地活着。”已经 84 岁，钟院士却依旧神采奕奕、思维敏捷，常年运动为他打造了一副结实的身板。他不仅用专业权威的学术知识，更用其健康活力的外在，坚定了我们每一个人抗击病毒的信心。

海峰老师说过：“独处时照顾好自己，相处时照顾好他人。”我们都有说“不”的权利，无须硬撑，跑步受伤了就停下来恢复几天。如果另一半喜欢跑步，也请多多给予理解，也可以为了爱，一起开跑环游世界。

用跑步强化身体，用自律掌控生活，从而把握自己的人生。

调整：发挥C特质，科学严谨对待

马拉松有自身的规律和逻辑，在开始跑马拉松之前，我们要严谨对待，根据自身的情况循序渐进，做好充分规划，避免损伤或过高强度的训练。

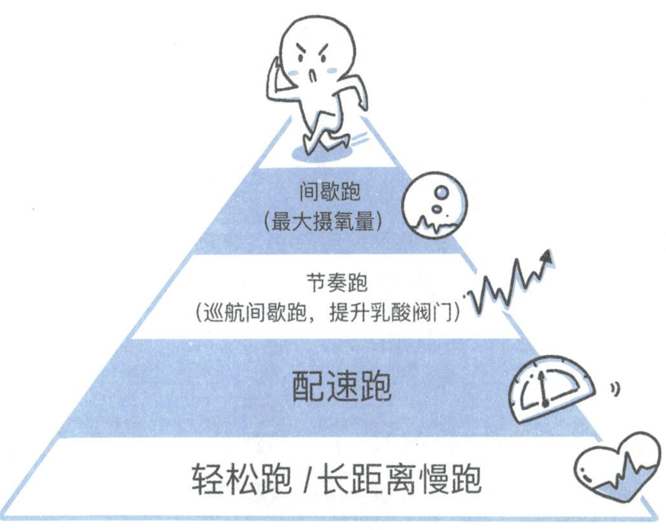

轻松跑/长距离慢跑

用轻松跑的配速进行长距离慢跑，是马拉松备赛中最基础的训练方式，目的是提高心肺功能、改善血液运输、提高肌肉强度、培养持久力。

配速跑

马拉松专项训练跑，顾名思义，是采用马拉松比赛时的配速进行跑步训练；用完赛目标倒推训练配速，目的是找到比赛节奏和配速，树立信心。

节奏跑

节奏跑代表一种有强度但又可以较长时间持续的跑步状态。乳酸导致跑步者在比赛中感到疲劳和酸痛，通过节奏跑训练，可提高跑步者的乳酸门槛，减少乳酸堆积或提高乳酸代谢能力，跑者就可以更久地保持较大的运动强度。

间歇跑

间歇跑就是间歇性的高速奔跑，快跑—休息—快跑—休息，奔跑时应达到最大心率。充分提高有氧能力，换句话说就是突破跑步的耐力与速度极限。

对于普通跑者，建议大家从轻松跑、长距离慢跑开始，有一定的训练基础后，再进行配速跑；不要轻易挑战节奏跑和间歇跑，避免在身体强度还不够时造成运动损伤。

切记，要做好跑前热身、跑后拉伸，设置跑步休息日，并根据自身状况做一些跑步专项训练以及柔韧拉伸、力量加强的体能训练，促进肌肉和关节的灵活性、稳定性，提高运动表现力，避免运动损伤。

第一次参加马拉松的注意事项

跑步不是儿戏，它属于高危运动。随着跑马拉松人数的增多，每次赛道都会出现险情，我们要怀着敬畏的态度去参与马拉松。

D **特质跑者：**目标设定切合实际，不要过高；虚心听取他人的赛事经验，科学训练。

I 特质跑者：记住跑步的初衷，不要因为跑得太开心而导致减肥事业半途而废，跑后约会聚餐很容易体重反弹。

S 特质跑者：记得初衷，我们都有权选择做孤独跑者，无须因为善良，放弃自我，一直陪跑；中途受伤而果断放弃也是一种勇敢；赛道上可以帮助别人，记得为自己留下足够的能量胶来完成比赛。

C 特质跑者：晨跑、夜跑哪个更好些？答，时段最重要，先跑起来就好。

如果身体出现以下三种情况，就需要停止跑步了：

跑步时疼痛超过 3 分钟。

跑步后疼痛持续超过 30 分钟。

连续 3 次跑步都有疼痛。

村上春树说："在跑步中，如果有什么必须战胜的对手，那就是过去的自己。"**体育是一种精神，如果不承载精神，体育就是苍白的。**作为跑者和教练，我希望和所有跑者坚守心中的梦想，跑遍千山万水，一步一步坚定、有力地奔向终点。

第四章

职场与提升：做一个有竞争力的人

卢山

DISC国际双证班第68期毕业生
领英专栏作家
世界500强高管
《每句话都值钱》作者

1. 职场精进 ——用这四个工具助力你一路向上

作为职场人士，在不同阶段有各自的困惑和亟待解决的问题。

职场小白：工作年限少于 1 年。一线员工。所处阶段是探索自我。主要的困惑——我是什么样的人？我想要什么？

职场大白：工作年限 1—3 年。小团队主管。所处阶段以探索自我为主、理解他人为辅。主要的困惑——我能做什么？他们是什么样的人？

职场精英：工作年限 3—8 年。大团队主管。所处阶段是一半探索自我、一半理解他人。主要的困惑——我怎么定位自己？他们想要什么？

职场达人：工作年限8—15年。部门主管。所处阶段是不断探索自我、更多理解他人、开始联结世界。主要的困惑——我怎么领导他们？怎样更好地理解他们？世界很大，出去走走？

职场金领：工作年限大于15年。公司总监、副总。所处阶段是将探索自我、理解他人和联结世界融为一体。主要的困惑——智慧、自在是怎样有机地结合在一起的？

下面这四个工具可以帮助职场人士一路向上，不断精进。

第一个工具是DISC：人类行为语言。

第二个工具是UFO：打造高效执行力。

第三个工具是RACI：做好角色定位。

第四个工具是TREE：树型领导力。

DISC 人类行为语言

DISC 是一种人类行为语言，代表着人类的四种主要性格特质：D，支配型；I，影响型；S，稳健型；C，谨慎型。每个人都有这四种性格特质，并且是可以进行调整的。

D 支配型：代表着直接、控制与独断的激烈特质。他们扮演的是指挥者，代表人物是拿破仑。

I 影响型：代表着爽朗、友善、外向、温柔与热情。他们扮演的是社交者，代表人物是比尔·克林顿。

S 稳健型：代表着稳定、耐心、忠诚与同情心。他们是支持者，代表人物是圣雄甘地。

C 谨慎型：代表着组织、细节、事实、精准与准确。他们是思考者，代表人物是比尔·盖茨。

UFO 打造高效执行力

有的时候，你是不是做得很快，但是结果不尽如人意？有的时候，你是不是忙到飞起来，却溃败于最后一千米？有的时候，任务交给了你，是不是就变得杳无音信，老板不断提示你：收到请回复？

执行没有力，事事难落地。执行和执行力，二者只差了一个“力”字，有什么区别呢？

小美刚加入公司不久，有一天，老板在回公司的路上，发微信让她去买杯咖啡。小美犯了难，因为这是第一次给老板买咖啡，不知道他喜欢的口味，刚才也忘了问。可是如果现在去问，不是主动露怯吗？结果买来了老板不爱喝的口味。

这里的执行“力”指的是充分理解需求的能力。

项目经理老李做项目是把好手，一个项目跟下来，常常是又快、又准、又好。

前些日子，项目组的两个同事不巧先后请假，老李只能一个人暂时先扛上去，一个人同时做四个项目。于是老李不得不疲于奔命。几个月下来，老李的产出效率和工作质量严重打了折扣。

这里的执行“力”指的是做事高度聚焦的能力。

领导交代小王去办理“高新科技公司”资质认证，以便享受国家给予高科技企业的补贴。过了2周，领导问怎么样了，小王说在办。又过了3周，领导又问怎么样了，小王说还在办。领导急了，他没有看到任何进展，也看不到操作细节。

这里的执行“力”指的是保持开放透明的能力。

那么职场上，到底要如何提高自己的执行力呢？跟大家分享一个“UFO法则”：U是指Understand，理解；F是指Focus，聚焦；O是指Open，开放。

U：理解任务，立即执行

这样做的好处是保证做的是对的事，而不是南辕北辙。如果没有充分消化理解这个任务，选择了错误的方向全速前进，那么执行力再高，也是注定要失败的。一旦确认好方向，需要立刻动手，立刻执行！

F：心无旁骛，高度聚焦

当我们聚精会神地做一件事，中间不得不被打断时，我们的焦点、思路、思考的方法等等都转移到了另外一件事情上。回过头来继续做这件事情的时候，不得不去回忆当时是在哪里断掉的、那个时候已经做了什么、接下来要做什么、当时有什么想法等等，有的时候甚至不得不从头开始。

O：动态沟通，随时交流

不管是面对老板，还是面对团队，都需要动态沟通项目的进展情况。人们的惯性思维是：如果交给了你一件事，你迟迟没有让大家看到进展或者看到你在做事的时候，大家会怀疑你是否在努力。

实践证明，沟通及时、到位的人常常被认为具有更高的执行力。

RACI 做好角色定位

在足球比赛中，守门员的重要性毋庸置疑。他们站在球门前，是球队的最后一道防线，主要任务是守卫球门，不让球进入；由守转攻时，则用快速、准确的传球组织发动进攻。

守门员这么重要，他们能带球进攻吗？不能。他们能在罚球区外扮演后卫吗？不能。他们能在罚球区外用手处理球吗？也不能。

为什么？因为他们的角色定位是守门员，所以他们需要有所为和有所不为。足球比赛中如此，职场上也是如此，摆正自己的位置，扮演好自己的角色非常重要。

给大家介绍一个在变革管理中常用的工具：RACI，它通常被用来明确项目中的各个角色及其相关责任，它让你知道在什么样的情况下扮演什么角色，做什么事以及如何行事。

R **指** Responsible，**负责者**。这是实际执行和完成任务的角色，具体负责操控项目、解决问题。

A **指** Accountable，**当责者**。即对项目负全责/最终责任的角色。每一个项目职能有一个当责者，有说是/否的权力。只有经当责者同意或签署之后，项目才得以进行。

C **指** Consulted，**事先咨询者**。这是作出最终决定或者行动前必须咨询的人，可能是上司或者某一个合作方。负责沟通了解各方信息，并提供给当责者需要的信息。这是拥有完成项目所需的信息或能力的人员。

I **指** Informed，**事后告知者**。是在决策后或者行动完成后必须告知的人，为单向沟通，即通知到就行，而不必向其咨询、征求意见。这个角色分布在各层级、各部门，是有利害关系的相关人员。

TREE 树型领导力

TREE 四个字母分别取自 Trust（信任）、Respect（尊重）、Engage（投入）、Empower（赋能）四个单词，中文释义为“树”。

为什么要培养树型领导力？因为力的作用是相互的。只有当管理者以身作则，对员工信任、尊重、投入和赋能时，员工才会信任和尊重管理者，投入工作以及在被赋能的同时，回馈管理者、公司和组织。

T：信任

海底捞的创始人张勇尝试用信任激发组织的创造力和主动服务精神。他成功地将海底捞改造成了一个拥有上万名管理者的公司——基层员工也都拥有或大或小的管理权。为了实现这个目标，海底捞做了三件事情：

第一，构建一个信任的滋长平台。

第二，提升使用信任的能力。

第三，谨慎维护信任的氛围。

那么如何建立互信的基础和机制呢？

第一，信任别人。坚信"用人不疑，疑人不用"的道理。

第二，既能够"承事"，也能够"成事"。"承事"是指敢于承担下来，考验的是敢做精神和主观能动性；"成事"是指把事情做成、做好，甚至做到极致，考验的是能力。每个人都喜欢跟着既敢于承担，又能把事情做成功的管理者，并倾向于给予他们更多的信任。

第三，尽量做到"言必行，行必果"。管理者也好，员工也罢，都不能善变！管理者尤其要一言九鼎。而如果发生意外状况时，应该及时沟通，请求谅解。

第四，懂得放权，而不是事事亲力亲为。

马云说：怕员工犯错是领导最大的错。想培养员工，就要给员工做事的机会，还要给员工犯错误的机会。当然这个错误不应该是原则性的和系统性的错误。

第五，关注员工成长，培养优秀人才。

管理者应该着眼于员工中长期的职业发展，制订具体的目标计划，辅以相应的培训和锻炼机会，在实践中不断帮助员工向设定的职业目标靠近。管理者在这方面做得越多，越容易获得员工的信任。

第六，沟通、沟通、再沟通。

有效的沟通非常有助于建立互信。如果一个管理者总是很神秘，鲜与员工沟通，布置任务时总是以电子手段进行，这就不是有效的沟通，也很难与员工建立起互信。

R：尊重

职场中的尊重要怎么做呢？

第一，不要对员工颐指气使。管理者在管理、安排员工时不要太随意，不要对员工吆五喝六，这会使员工感觉委屈，产生不满的情绪并对管理者心生抵触。

第二，己所不欲，勿施于人。自己不想做的，做不到的，不应该强加给员工。想让员工做到的，自己应以身作则先做到，而且要做好。

第三，多用礼貌用语，以德服人。给员工布置工作任务时，尝试选用礼貌/引导性用语（比如“请”“是否考虑”）来代替发号施令，真诚恳切的口吻能让员工感觉到你的尊重，进而形成一种潜在的激励。

第四，正确处理员工的建议。当倾听员工的建议时，专心致志，不要随意打断或者插话，要让他们感受到足够的尊重和重视。拒绝员工的建议时，一定要将理由说清楚，不要模棱两可，也不要含糊其词。

第五，尊重员工的个人时间。不要期待员工把交代的工作做完了还要加班，仅仅是因为管理者还没走。除非有非常紧急的事情需要马上处理，否则能不打扰员工的时候尽量不要打扰。

第六，尊重员工职业的选择。不要把员工主动离职当作背叛。因为员工只是我们工作上的合作伙伴，有独立选择职业的权利。该挽留的尽力挽留，该放手的及时放手。

第七，对待员工要一视同仁。一视同仁会使得员工心服口服，也是让员工感觉到被尊重的有效方法之一。

E：投入

“投入”只是 Engage 的一个释义。在现实场景中，“Engage”有多种含义。作为公司管理者，对内通常会关注：Job Engagement（工作投入度）、Employee Engagement（员工敬业度）、Team Engagement（团队向心力）。

想提高工作投入度，可以从以下几方面着手：

第一，尝试更多事情。在为喜欢的事情努力时、当内在动机存在时，人们更容易进入状态。

第二，对“挑战”与“技能”做评估、匹配与调整。当我们发现一件事情充满挑战，而自己却技能不足时，应当及时学习新的技能以应对挑战；相反，当一件事情挑战不够时，适当地增加难度也能帮助我们更好地进入状态。

第三，设立明确而具体的目标，并主动寻求反馈。目标越明确，人们对于自己能否胜任就越有把握，也就越专注和努力。而主动寻求反馈，能够帮助我们根据反馈及时做出调整，避免因为反复碰壁而消耗热情和精力。

想提高员工敬业度，有三个具体的着眼点：

第一，增强归属感。增强归属感与提高敬业度之间是互相促进的关系，即增强归属感可以提高敬业度，提高敬业度也可以增强归属感。

第二，增加显要感。增加员工显要感的前提是认识到个体之间的多样化和差异化，并制订不同的培养计划以及激励机制。还有一个关键点是让当事人增加正向曝光率，比如员工大会表彰、优秀事迹宣传等等。获得显要感的员工更愿意留下来，并且能够正向影响其他员工。

第三，助力自我实现。自我实现是马斯洛需求理论的最高层次需求。自我实现的前提一是基础需求已经得到满足；二是当事人有具体的目标，但是需要个人的持续努力以及外部力量的支持。

团队向心力是指一个团队具有的优良素质所形成的吸引力。团队向心力能够激活、唤醒并强化每个成员之间的关系，让每个成员相互之间都获得最大限度的合作，并让合作效率得到最大限度的增强。另外团队向心力也是企业对外的一种竞争力，关乎企业的生存，是企业的第一战斗力，关乎企业和团队的发展。

怎样才能提高团队向心力呢？可从以下几点入手：

第一，为员工规划一个共同的愿景、使命、价值观。企业愿景，就是企业行为的根本目标，是员工信心的基础来源。企业应该依靠文化建设，将员工的价值观和企业的核心价值观统一起来，激活员工的积极性。

第二，为员工创造可持续发展的环境。公司在追求自身可持续发展的同时，也要兼顾员工的可持续发展。可以用股权分配、干部任命、培训机会、奖金分红等等制度来保障。

第三，考核公平透明，结果落地执行。一方面，企业要建立一整套公正合理的考核体系，充分评估员工的优势劣势，准确分工，以人适其位、人尽其责为原则，建设一支默契团队。另一方面，对待个人主义、消极思想者，可及时警告，善利善导，仍不能促其矫正，则予以淘汰；而对待品质不良者，则立刻开除出队伍，绝无姑息余地。

E：赋能

“赋能”最早是积极心理学中的一个名词，旨在通过言行、态度、环境的改变给予他人正能量。它后来被广泛应用于商业和管理学，其理论内涵是企业由上而下地释放权力，尤其是员工们自主工作的权力，从而通过去中心化的方式驱动企业组织扁平化，最大限度地发挥个人才智和潜能。

如何赋能？打个形象的比方：

组织是骨骼，领导力是经络，员工是肌肉。我们需要全方位地赋能组织（正骨），赋能领导力（调经络），赋能员工（增强肌肉）。

赋能组织

赋能组织分为三个方面:

第一,打造文化,明确愿景。作为组织,需要有一个清晰有力、立意高远的文化、愿景和使命,驱动他们为之奋斗和努力。

第二,提升组织,改善流程。精简组织,让它尽量扁平化。

第三,驱动协同,科技先行。组织效率不再来源于分工而是来源于协同,对内与各个不同的职能部门协同;对外与合作伙伴协同(客户、供应商)。驱动协同上台阶的前提是科技先行。

赋能领导力

赋能领导力,让管理者与时俱进的同时,将资源和养分输送给员工。赋能领导力分为以下三个方面:

第一,管理者要做自律、学习、改变的表率(聚焦自己)。

第二,打造人人都有参与感的沟通环境(聚焦环境)。

第三,恰当地授人以鱼+授人以渔(聚焦员工)。

赋能员工

赋能员工的核心是让员工更加强劲并释放创造力,分为以下三个方面:

第一,让"听得见炮火的人呼唤炮火"。这句话的核心思想是指减少自上而下的控制,让员工拥有更多的权力,从而拥有更多决策和行动的自主空间。

第二,“不让雷锋吃亏”。营造一个“三公一透”的环境,即公平、公正、公开、透明。

第三,“群策群力”。群策群力的核心有两个:一是全体参与;二是提高每个人的能力。

洪小加

DISC国际双证班第66期毕业生
互联网科技公司高管
高级人力资源管理师

2. 有效激励——激发你的工作动力

从人事管理到人力资源管理，从人力资源管理到人力资本开发，随着人力资源管理的升级，越来越多的企业管理者意识到，企业和团队最重要的就是人才的选、育、用、留。而作为管理者，最重要的工作内容之一就是激发员工的工作动力，也就是有效激励，帮助他们成就闪亮的自我。

激励分为两种，一种是外部激励，比如说各种物质奖励、赞美、惩罚、领导的关注度、职责权限、股权等，这些外部激励简单、直接、有效，但持久性不够。比外部激励更长久有效的是内在激励。内在激励，就是要满足员工的内在心理动机，因为这种动机一旦得到满足，就会产生源源不断的动力源泉。

从组织发展来看，为员工创造相匹配的组织环境，是每位管理者非常重要的任务之一。管理者们必须了解自己团队成员的职场特质，才能有针对性地进行有效激励，充分激活员工的工作动力。

认识四种行为风格的员工

当我们了解了马斯顿博士的 DISC 行为风格理论以后不难发现，不同的员工在职场上表现出来的风格有所不同，在沟通的过程中也会呈现不同的特点。

D 型行为风格（直接主动的支配型）

这类员工是高效能人士，重结果，行动快；渴望成功，誓达目标；自信心强，追求挑战；能量充沛，行为独特；缺乏耐心，常给人压迫感；喜欢改变，朝令夕改；敢对他人提出明确要求；易怒、急脾气，发火很吓人；害怕失控、被掌控和被利用。

其沟通特点：

语速快，不绕弯，直接问事情进展与结果；语言表达简单直接，充满谨慎和怀疑；不太关注人际关系；不太关注情感需求。

I 型行为风格（直接主动的影响型）

这类员工是天生的社交家，沟通高手；注重外表打扮，形象佳；标新立异，爱表现，与众不同；渴望被认同、被表扬，希望成为瞩目的焦点；积极乐观，热心助人；享受集体生活，不爱独处；情绪波动大，喜怒形于色；有速度和激情，但很难持之以恒；善于鼓励他人；粗心易忘事，尤其不注意细节。

其沟通特点：

语速快，语气夸张，肢体语言丰富；修辞偏多，沟通无明确目标，思维容易跳跃；表达中关于人的感受的内容偏多。

S 型行为风格（间接被动的支持型）

这类员工是良好的倾听者；有耐心，为人友善；情绪稳定，忠诚度高；循规蹈矩，按部就班；愿意成全他人成功；很少向别人提要求；能和不同个性的人相处融洽；善于自我控制，容忍度高；喜欢保持稳定的环境；害怕面对冲突，适应变化慢。

其沟通特点：

语速慢，爱铺垫，有时啰嗦；以倾听为主；很少说“不”；期待他人能够主动互动、沟通。

C 型行为风格（间接被动的尽责型）

这类员工是完美主义者；对自己和他人要求严格；逻辑思维能力强，注重秩序、流程、标准、规则；黑白分明，爱纠错；凡事都追求高标准，并讲求细节；尽忠职守，注意分寸进退；特别谨慎，常担心所做事情的正确性；平时平静而沉默，一般很少主动表达；有时反应速度慢；给人感觉偏冷漠。

其沟通特点：

语速慢；用词谨慎、精准；善于用数据，习惯发问；爱用“因为……所以……”。

了解 DISC 的不同职场特质

了解了 D、I、S、C 四种特质员工的行为风格以后，我们来看下他们的能力特点、在团队中的价值、工作模式、最佳角色和个性雷区。

D 型员工的职场特质

职场表现：

乐于直面各种挑战，追求更大的权力、更高的位置，对一成不变的工作毫无兴趣，希望可以掌控全局，决策迅速且执行高效，没有耐心循着僵硬的通道升迁。

能力特点：

极强的驾驭能力，直面各种挑战，决策迅速且能高效实施。

在团队中的价值：

承担压力，推动、执行项目，具有领导力。

最佳角色：

当团队意见不统一的时候，是最佳的决策者；当面对挑战和困难的时候，是最佳的执行者；当面对新市场和激烈竞争时，是最佳的开拓者。

个性雷区（安排工作时需要避免）：

承担不具备一定难度的工作内容；担任日常重复性、琐碎的、需要处理很多细节的工作；决策被否定，能力被质疑，权力被限制。

I 型员工的职场特质

职场表现：

对外整合资源，对内沟通协调，能营造轻松的工作环境，有很强的人际关系处理能力和影响力，比较关注企业的休闲福利，偶尔会有一些天马行空的想法。

能力特点：

具备说服能力、人际能力，以及适应情境的能力。

在团队中的价值：

善于整合外部资源，说服、影响同事，沟通能力强。

最佳角色：

当面对团队激情不足的时候，是最佳的影响者；当需要外部力量和资源的时候，是最佳的外联；当传播新观念和新产品时，是最佳的推广者。

个性雷区（安排工作时需要避免）：

严格要求按进度计划行事；严苛的批评，尤其公开批评；承担枯燥、毫无创意的事务性工作；完全独立的工作环境。

S型员工的职场特质

职场表现：

性格稳健，具备较强平衡利益的能力；具有高度支持团队的能力，是团队中非常好的拥护者；不喜欢管人，不喜欢有压力，也不喜欢给别人压力；特别有耐心，做事循规蹈矩；很少拒绝其他同事的请求；能与不同性格的同事相处融洽，不会起冲突。

能力特点：

值得信赖，贴心地服务与支持同事，具备平衡能力。

在团队中的价值：

具备耐心、做事稳健，能尽量避免冲突，人际关系好，可以平衡各方利益。

最佳角色：

当团队内部出现矛盾的时候，是最佳的协调者；当团队氛围不好时，是最佳的凝聚者；当面对压力、需要较强的韧性时，是最佳的承载者。

个性雷区（安排工作时需要避免）：

充满恶性竞争的工作环境，各种对立、冲突、挑衅，突如其来的变化，有需要时没有被关注、支持。

C 型员工的职场特质

职场表现：

具备极强的逻辑思维能力；要求高品质的工作质量，追求完美、并不断改善；重视规划、顺序、流程及制度，事前规划、事后复盘；善于修正别人的论点；注重事实的正确性及数据的完整；可以独立工作，有能力处理繁复的书面信息。

能力特点：

具备精确的执行力、独立的工作能力、独到的问题发现能力。

在团队中的价值：

能高标准完成交代的工作，为人自律谨慎、细致严格，做事逻辑性强、事事规划。

最佳角色：

当团队需要精细化运作和管理的时候，是最佳的实施者；当需要发现问题、避免风险时，是最佳的监督者；当需要在专业领域深耕和钻研时，是最佳的专家。

个性雷区（安排工作时需要避免）：

规则和要求突然发生改变且没有任何解释说明，交流空洞的信息和想法，团队整体缺乏清晰的目标。

掌握 DISC 的有效激励

作为简单、易用且效果明显的行为风格测评工具，DISC 在激发员工工作动力上很有成效。

D 型风格为主的员工

以事为主——事情的“结果”“速度”“成绩”“效益”“成本”是他们非常重视的核心价值。

以变为动力——不喜欢做一成不变的工作，强硬、独立、叛逆，喜欢有挑战性的工作，所以，要让他们有改变的权力，清楚自己的权限。

就事论事——表扬他们的领导力和决断力，同时，他们不太容易接受别人的批评，除非是自己所认同的人。

让其执行某项项目——赋予他们一些该有的权力，并且放手让他们去做，他们是以达成目标为乐趣的人。

喜欢活在掌声中——他们喜欢表扬大会，喜欢名车、名画、古董或其他象征身份地位的礼物，任何可以增加名望的事物都是适宜的选择。

有自大倾向——他们不怕困难，若是能点燃其心中的动力与热情，也是一种激励。

需要独立空间——给一个隔开的办公位置、配一位助理、配一辆车、租一个车位给他，都是有效的激励方法。

I 型风格为主的员工

喜欢接触人群——不喜欢孤立的工作，所以让他们以团队方式工作，对他们而言是非常重要的激励。

喜欢快乐的气氛——喜欢团队工作，但如果团队的气氛不佳，感觉不到真诚，可能从团队中离开，因此要让他们在团队中感觉到是被需要的。

喜欢庆功宴、表扬会——可以让其负责一些联系、公关的活动。

奖励必须公开——能够让他们感觉到被大家肯定和认同。

希望得到大家的重视——只要感觉受到关切，就能有效激励他们，直接叫出他们的名字，会让他们更高兴。

很重视品牌——如果送礼物时，告诉他们某个名人也在使用，会让他们感到分外快活。

喜欢大家都快乐——在他们面前表现得轻松、友善，多一些开朗的笑容，他们会受到激励。

S 型风格为主的员工

重视安全感和保证——他们站在众人的前头，是有压力的。如果他们不想升迁，给他们公司的股票、红利或者认股的权利，无疑是不错的选择。

重视家庭——对他们家人的关怀是十分重要的，奖励不要只考虑他们本人，同时要兼顾他们的家人，肯定他们对家人的责任感。

做事有自己的步调——不要在时间上要求太过急迫，有时放他们半天假，对他们是很大的激励。

很有耐心和毅力——赞赏他们这些优点，感谢他们的无私与支持团队的精神，送给他们全家人可用的东西。

C 型风格为主的员工

不喜欢太直接——他们不喜欢表现直接且热情的人，太直接的激励会引起他们的质疑。

是解决问题的高手——搜集资料和解决问题的能力很强，可赞扬他们的推理、分析能力。

善于独处——如果要给予直接的奖励，可以给他们个人办公室或可以区隔出来的空间。

追求品质的卓越——给他们一些权力，可以提升生活品质的奖励。

重视数据——给他们的资料要明确。

注重知识——给他们一些高科技的产品当奖励，或给他们获取信息的渠道。

有效的激励可以让员工的工作动力更强，让他们持续产生更多的工作绩效。针对不同的员工使用不同的激励方法，才能充分地激发员工为公司增效。

白雪

DISC国际双证班第56期毕业生
全媒体运营
运营培训师

3. 激活微博
——全新塑造个人品牌

随着大家在互联网上接收信息的方式和需求不断变化，基于内容促动社交的新媒体平台也在不断出现并优化。在众多平台中，微博作为社交媒体，拥有多年的用户沉淀、成熟的社交模式以及平台影响力，对于在某个行业已有积累的内容创作者来说，微博依旧是一个打造个人自媒体品牌的优选平台。

自 2015 年开始，微博创作者的内容逐渐辐射多种行业、多个领域，“垂直化”运营策略由此开启。截至 2019 年，微博已有 60 个以上的行业领域，覆盖并满足用户的多元化需求。

截至 2019 年第四季度，微博用户持续增长活跃，月活跃用户数达 5.16 亿，日活跃用户数达 2.22 亿。微博平台活跃的用户量、丰厚的经济收入、年轻化的用户群体，给予内容创作者无限机遇和可能。

用 DISC 洞察微博趋势，找准发力点

很多人会问：微博红利期已过，现在做微博还来得及吗？答案是肯定的。

从零开始，应该如何入手？通过微博打造个人品牌，须从以下两个策略入手：一，切对行业赛道；第二，启动“双域运营”。

切对行业赛道

微博的内容生态在持续扩大和完善，截至 2019 年 8 月，微博内容覆盖 64 个行业领域，其中有 33 个领域的每月阅读量破百亿。

在视频生产的带动下，微博覆盖的领域逐步形成三个维度：泛娱乐领域、泛生活领域和中长尾领域。各领域也有不同的特点：泛娱乐领域规模大；泛生活领域规模大、增速快；中长尾领域规模小、增速最快。

决定运营微博之前，首先要把自己擅长的专业领域和微博已在运营的领域进行匹配。也就是说，需要在微博现有领域中，选择最能发挥自己优势的领域。比如，之前一直从事职场培训师的内容创作者，可选择职场领域；摄影师或者摄影爱好者，可选择摄影领域。

（来自微博V影响力峰会）

我们可以根据以下步骤更精准地确定行业赛道。

第一，确定匹配领域。从专业角度来讲，内容创作者所选的领域，最好与自己擅长的行业相关，特别是已经取得了一定的行业成果，创作内容、输出时才会得心应手。如果是基于兴趣的选择，也要有一定数量的素材积累。否则，很难持续地输出内容。

第二，主动参与互动。作者可以根据自己的专业，参与微博首页每天的话题榜、大视窗、领域官微开展的话题、问答等形式的互动活动，以彰显个人在该领域的专业性。另外，主动与领域大 V 互动，以评论的形式与其做专业交流。多观察、多分享、多反馈，通过互动让专业得以体现和传播。

第三，了解运营空间。运营之前，提前了解微博上所选领域的运营概况。比如，在同领域，已有哪些作者在做什么细分品类的内容、他们的运营风格和面向的用户群体是谁，并找出他们与自己的差异。经细分品类、运营风格、用户对象等，寻找与成熟博主的差异点，分析个人优势，细化运营方案。

第四，梳理内容资源。好的内容创作者大多扎根行业多年，有大量资料可用作微博运营的内容素材。可以把这些内容重新整合，然后在微博上发布。

启动“双域流量”

2019 年,“私域流量”成为行业热词,这意味着平台运营从以“流量为王”向更加注重“粉丝经营”转变。做好私域流量,增强粉丝黏性和忠诚度,成为提高转化率的关键。而在微博中,针对的“公域流量”运营,对于粉丝从零开始的作者来说,是一种流量赋能。

热搜话题榜、热门流和视频流等工具和场景,会给予优质创作者一定量的流量支持;铁粉、超话中心和粉丝群等机制,有助于作者构建私域流量。

那么,创作什么样的内容才能获得公域流量扶持呢?如何经营粉丝关系,来增强私域流量的活力?我们来看下公域流量和私域流量对于博主在功能、内容策划、粉丝属性和运营侧重要点方面的作用。

功能方面

公域流量:在微博的热搜榜、热门流和视频流中,聚集了大规模的内容消费人群。优质的创作内容可以在这些信息流中增强曝光效果。想要把握公域流量,需要内容创作者对热门话题和社会事件高度敏感,能够用专业视角或凭个人阅历解读热点话题或社会重大事件。

私域流量:铁粉、超话中心、粉丝群机制,主要用于增强博主与粉丝的互动和黏性。用“社群运营”的思维运营粉丝群,是构建私域流量的重点。

内容策划方面

公域流量:博主需要发掘和扩大专业内容与热点事件的关联以及内容可提供的价值,面对热点和突发事件,能够给予及时解读。同时,若博主能够快速运用图文制作、视频剪辑等技能将内容进行多元化展示,效果更佳。

私域流量：私域流量重在增进博主和粉丝的关系，所以博主在昵称、主页设计、内容规划等细节上需要突出个性化元素。可以在内容呈现中加入个人经验、成果或经历，还可以多设计互动活动等。

粉丝特性方面

公域流量：基于博主的优质内容在公域流量中的曝光，粉丝认同博主对热点、突发事件的解读视角、态度，或对博主的某个观点表示认同，公域流量的粉丝具有不稳定性。

私域流量：粉丝多是对博主本身有一定的认知基础，已与博主互动并关注了博主一段时间。这类粉丝群体相对稳定，需要重点管理和维护。

运营侧重要点方面

公域流量：博主应注重专业内容发布的权威性和专业性、热点事件反馈的及时性，只有通过较强的运营能力，才能及时获得流量。

私域流量：专业内容是基础，更加注重博主本人个性化元素的彰显，要求博主形象鲜明、时时洞察粉丝的需求，并给予反馈和赋能。

总之，对于刚开始在微博上打造个人品牌的博主来说，先要选对领域，然后再从"双域流量"的运营入手。

运用 DISC 思维打造个人品牌

我们如何运用 DISC 思维，来打造个人品牌呢？

定位规划：发挥 D 特质，做好定位规划

选好领域以后，一定要将行业内容做进一步细分，纵向深耕。有些领域已经有人在做，就要想想是否有重叠之处；如果有重叠，能否在运营风格和用户方面找到自己的差异。比如一位博主将自己定位为 3—12 岁儿童故事达人，其他的博主就可以在年龄阶段和故事主题上再做细分——故事主题可以定位为寓言故事或中国神话故事，读者对象的年龄范围可界定为 3 岁幼儿阶段。如果在自己的细分领域，还未有人在做，博主就有足够的空间做专业内容。

接下来要做的，就是聚焦目标，规划全年前中后期计划。做规划需要经历账号定位、内容整合、执行发布、数据分析、调整运营方案等环节。不同运营阶段的工作重点也不同：

运营初期，重点了解平台以及领域玩法，坚持积累内容，不要急于做粉丝转化。

运营中期，重在扩大影响力，与领域官微或其他博主互动，共同发力做活动。

运营后期，着重注意粉丝管理，筛选"铁粉"，集中赋能，促动粉丝转化。

从时间维度上来说，博主需要策划每天、每月和每年的内容、活动，比如，在用户最活跃的时间点更新内容，每个月有哪些节日可以做活动，年度运营目标和总结如何制订。

运营微博账号就像是在塑造一个人，通过内容输出逐渐使人物丰满。随着素材越来越丰富，人物形象也会越来越生动。请记住：专业度和个性化决定了博主的运营空间。

DISC **金句：你是谁不重要，重要的是你要成为谁。**

创意互动：发挥 I 特质，积极互动

截至 2019 年 8 月，微博大 V 的每日更新量是 4—5 条。博主初期在做内容发布时，可参考此数据做内容更新，分别在早中晚的用户高活跃时段发布内容。在内

容方面，可以设置行业相关话题词。设置话题是对同类内容的聚合，便于粉丝对某主题内容进行阅读。另外，博主可以多参与微博热搜和领域热点话题的讨论，尽可能多地让自己在公域流量上曝光。

学会与粉丝互动，也要学会成为大V的“粉丝”。用心为粉丝提供价值，他们才会成为你真正意义上的“铁粉”，还会进行转发，实现再传播。另外，也可以在他人组建的话题、超话或其他活动中，发布行业信息和专业解读，在私域流量构建个人形象。

除此之外，经常组织线上福利活动，也是打造影响力的方式，比如参与话题送奖金、礼品抽奖、创建问答等，都是微博常用的活动方式。

在微博收获更多的粉丝流量之前，请记住：我们能提供的价值和服务是什么，能用什么样的形式展示，能够帮助到哪些人。

DISC **金句：增强给的能力，而非要的习惯。**

用户思维：发挥S特质，找到用户，了解用户并赋能

运营初期，博主可以在过往接触的社群、论坛、社区观察参与者的行为，洞察他们的思维模式、喜好厌恶、敏感点等。结合这些情况，进一步完善微博的内容规划。学会先给予，给粉丝提供内容价值或者其他形式的福利。

运营中后期，博主需要筛选粉丝群体，对于“铁粉”做专项运营、精细化运营。比如，通过微博阅读量和粉丝评论，进一步洞察粉丝真正的需求有哪些。粉丝提需求，意味着对博主价值的认可。通过这个过程，博主可以反观和升级自己的产品设计。重点是，学会看到每一个“铁粉”的价值。

不管是在线下，还是在线上，我们首先要知道自己有什么，能够分享什么，只有给潜在粉丝提供价值，粉丝受益后才能传播，帮助博主吸引资源。

DISC **金句：分享自己，启发别人，吸引资源。**

复盘调整：发挥 C 特质，洞察运营数据，做运营复盘

在微博个人主页也有相关数据，比如阅读数和互动数。如果想做到极致，可以自行界定周期，观察数据变化，整理出数据增长减弱的趋势和变化，在复盘调整时作为参考。

除了分析数据，还可通过总结粉丝的需求变化，适时做出调整。比如粉丝在什么时间段是最活跃的，他们对什么内容更感兴趣、留言最多，留言需求的倾向性有哪些，微博私信收到最多的问题是什么，等等。很多时候，是粉丝在指引市场动向。

每个平台的运营风格不同，不同博主的文风和输出内容也不同，而不同的平台和博主都会有一群专属于自己的"铁粉"。请记住：你想要成为什么样的人，给哪些人群解决问题，用什么方式解决，他们才觉得最受用？答案是在数据中分析粉丝最真实的状态和需求。

DISC **金句：决定效果的不是自己喜欢的方式，而是对方喜欢的方式。**

DISC 特质在微博运营中的优势

DISC 行为风格理论提到，我们每个人都有 D、I、S、C 4 种特质，只是比例不同而已。每个明显的特质，都能帮助博主在微博运营中发挥其特有的优势。

D 特质：目标明确、反应迅速、顺势而为

微博运营的每个阶段有不同的重点和目标：初期以用户调研和内容积累为主，中期进一步加强与粉丝的信任关系，后期考虑商业矩阵和变现。而运营是维系和

拓展产品与粉丝的关系而开展的长期、闭环操作，如果没有明确目标，很容易陷入毫无效果的盲目行为。

发挥D特质，明确每个阶段的目标，是开展运营的必要准备。随着科技和社会的多元化发展，我们认识世界、阅读世界的方式不断变化，平台的机制和策略也在随之更新。D特质的快速反应和执行力，对洞察平台机制、及时调整运营至关重要。

I特质：思维活动、富有创意、喜欢交际

无社交，不传播。微博是基于社交的媒体平台，是作者建立和加强社交关系的阵地。而对于产品（话题、问答）来说，只有基于用户之间的口碑传播，才能通过运营实现营销效果。

在运营中，“活动”是激活和创造社交机会的重要环节。想要吸引眼球，一方面是出奇制胜，另一方面是要懂得用户的所思所想。I特质思维活跃，追求新鲜创意，且愿意与人主动交流沟通，更加懂得用户所想，所以在活动设计方面非常有优势。

S特质：温暖真诚、持久稳定、观察他人

从运营中期开始，粉丝运营成为重点，但其实粉丝运营的实质是博主为粉丝提供价值，需要博主在内容沉淀中体现更多专业知识和情绪关怀。比如，粉丝群体主要是大学生群体，就需要了解当下大学生的生理和心理特点，以及他们大多数人会遇到的问题，再反观自己的专业能为他们解决什么问题。

S特质较为稳定，能比较敏感地洞察用户需求，这是运营需要具备的特质。

C特质：严谨睿智、理性分析、不断优化

运营规划就像做时间管理一样，细化到各个时间单位，并持续调整。博主能看

到文字、图片和影像，也可以收集到各项数据和粉丝行为记录，而这些是博主调整运营方案的重要参考。

比如，在晚上九十点，情感共鸣类的内容点击率和阅读量相对较高。那就需要博主把之前的干货内容调整到其他时间段发布，或者将原有内容进行加工处理，通过视觉剪辑等方式，创造出大众在某一时间段喜欢阅读的内容。博主可发挥C特质，理性分析运营方案和实际操作之间的差异，总结需要调整的具体措施，不断完善运营方案。

微博上的信息瞬息万变，作为内容创作者要拥有“凡事必有四种解决方案”的自信心。用好DISC行为风格理论，读懂平台和粉丝，用其喜欢的方式传达价值，传递“我懂你”的信息，共同打造有温度的互联网世界，塑造个人品牌。

第五章

销售与客户：

做一个能打动别人的人

邱俊钿

DISC国际双证班第60期毕业生
心理学学士
国际埃里克森教练学院认证教练
敦敏教练星球&埃里克森深圳分院
联合创始人

1. 教练销售——把愿景卖进客户心里

当看到“教练”这个词的时候，大家可能想到的是驾校教练、健身教练等以教授技巧为主的辅导老师。我们这里谈到的教练，与直接教授方法和执行步骤的教练不同，可谓“动口不动手”的人。他们的定位更类似平等的朋友和沟通的伙伴，多见于个人成长、企业管理等领域。

国际教练联盟(International Coach Federation，ICF)这样定义教练：“专业教练作为长期伙伴，旨在帮助客户成为生活和事业上的赢家。教练帮助他们提升个人表现，提高生活质量。教练经过专业的训练来聆听、观察，并按客户个人需求来定制教练方式。他们激发客户自身寻求解决办法和对策的能力,因为他们相信客户是生来就富于创意与智慧的。教练的职责是提供支持,以增强客户已有的技能、资源和创造力。”

借用埃里克森学院的五项原则来帮助大家更好地体会教练的状态:

第一,每个人都是 OK 的。

第二,每个人都拥有实现自己目标的资源。

第三,每个行为背后都有正向的意图。

第四,人们总是会做出当下最好的选择。

第五,改变不仅是可能的,而且是不可避免的。

所以,教练的身份是中立而不带有倾向性色彩的,是每个客户身边最耐心的聆听者、最有力的支持者与最温情的陪伴者。当然,每个人的身份并不单一,自我教练同样可行。兼顾渡己和达人,教练的存在类似摆渡人。

什么是教练型销售

销售是向第三方提供产品或服务的行为,是产品与用户之间产生联结的桥梁,是搭建双向沟通和输出的工具。销和售在本质上存在区别,销的本质是服务与观念的输导,售是产品的价值交换。有这么一句话:没有厘清客户需求的销售是没有灵魂的。

然而可惜的是,现在我们所遇到的很多销售仍处于相对原始的割裂状态。以下这些话语,相信大家并不陌生:

“你好,办信用卡吗?”

“你好,健身减肥了解一下。”

“某某某名师亲临,……(课程简介),有兴趣了解一下吗?”

当听到类似这样无差别对象的销售话语,我们并不会产生购买或付费的想法,因为这样的沟通是单向的,它并未击中我们内在的需求,而是机械的重复。同样地,如果我们想将自己的产品或者想法销售出去,是不是也经常陷入这样的误区?

作为销售人员,如果没有达成销售,不同特质的人会有不同的表现:

D 特质:这些人,太不识货了,我们的产品那么好,不买是他们的损失!

I 特质:终于下班了,约个朋友去逛街吧!

S 特质:他们没有买,也没关系,可能是我哪里做得不够好吧。

C 特质:咦,是不是刚才的话术哪里讲错了?是不是应该展示一下功能呢?

作为客户,如果没有产生购买行为,可能是因为:

D 特质:这不是我想要的产品!

I 特质:再逛一会儿,可能还会有更好玩的。

S 特质:太难选了,好像都不错,我还是回去问下家人的意见吧!

C 特质:销售人员太不专业了,我想要什么他都不知道!

如何才能形成双赢的局面呢?在教练型销售中,更多的精力和时间会被放在探索和发现需求上面:恰好你需要,正好我拥有。这也就是教练型销售的目的,通过和客户建立朋友关系,相互支持。

教练型销售的适用范围

先思考这样一个问题:教练型销售是需要时间和精力成本的,那么在什么情况下使用教练型销售最合适呢?

花费时间和精力,目的是取得相对应的成果和价值,因此当顾客在购买简单且价值不高的产品时,决策过程是迅速的,决策成本偏低,这就无须运用教练型销售。

比如我们开个报亭卖汽水、报纸，需要使用教练型销售吗？答案是否定的。所以，高价值、复杂（甚至抽象）的产品才适合使用教练型销售。

越是无形、价格越高的产品，越能让客户在心里为价值预期留足够的溢价空间，比如：课程、解决方案等。举个反面的例子，当客户购买可乐后，你让客户开始思考：买可乐满足了客户的什么需求？喝下去以后会有什么不一样？这样问是不是显得挺荒谬的？

因此，教练型销售的运用范围可简单总结为：

交易金额越大、越重要的交易越适用；

交易产品价值越抽象的交易越适用。

为什么要学习教练型销售

对销售业绩影响最大的四大因素，分别是新客户数、客单价、复购率、转介绍率。其中，客单价是基于产品的各种实体成本和运营成本而定的，受销售方式的影响较小；但是另外三个因素，新客户数、复购率、转介绍率，都能通过教练型销售获得很好的提升。

有的朋友很羡慕行业中出色的销售人员，收入高、时间相对自由、拥有高质量的客户圈，比如保险销售、汽车销售、房地产销售、课程销售等等，客户的质量都相对较高，再通过复购和转介绍，形成更大的客户圈子。

海峰老师说衡量一件事的好坏程度有两个标准：一是把事情做好，二是让关系更进一步。一个优秀的教练型销售人员，既可以让客户需求和销售需求都得到满足，又可以把和客户的关系变得更好。

如何成为教练型销售

我们依据罗伯特·迪尔茨的逻辑层次模型所构建的新模型——教练型销售的逻辑层次来做详细讲解。

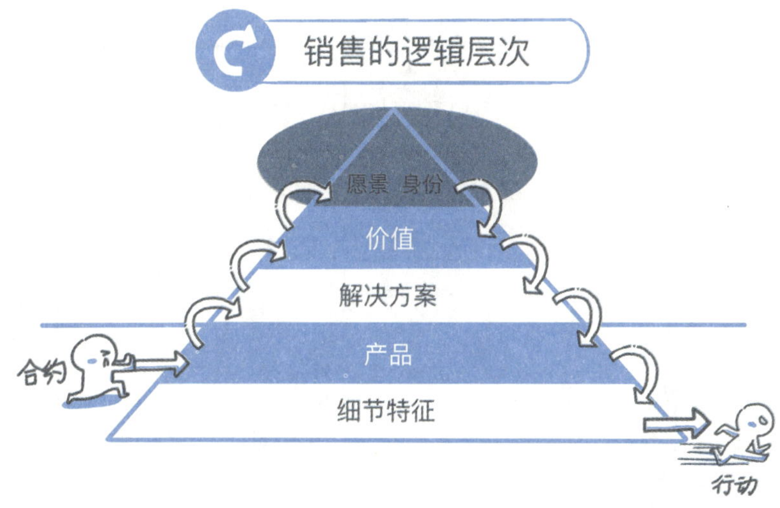

合约

在对某一问题进行探讨之前，我们需要获得客户的许可，让客户愿意听我们说。一般来说，客户是有购买意愿的，这个时候客户是否愿意听我们说，主要取决于决策成本——时间和精力，所以，我们可以加上时间框架，通过时间框架来减少客户的决策成本。

“您看我们是否可以花五分钟时间探讨一下，以便我更了解您的需求，找到最适合您的产品?”

销售人员都知道，一旦客户打开了话匣子，他是不会主动要求停止探索的，通常也不会有时间概念了。

要点：获得客户的许可，打开客户的话匣子。

产品

产品是销售人员与客户之间的第一次联结，是构建一种教练型销售的朋友关系的基础。有一个值得关注的点：在抽象的、大宗的销售里面，一开始就陷入细节的话，很容易导致交易失败，教练型销售首先要唤醒客户的内在动力需求。

当我们谈到产品后，直接进入产品详情有三种状况：

客户知道的信息没我们多，这个时候销售人员很容易给出大量的建议，不考虑客户的感受。

客户知道的信息和我们一样多，我们就要想一想：客户干吗一定要找我们买？

客户知道的信息比我们多。客户很有可能会直接购买，不需要和销售人员谈产品细节。

所以先和客户聊聊解决方案吧！

解决方案

解决方案需要通过分析客户的回答得出，或者由销售人员和客户一起想出来。当销售人员直接把解决方案给客户的时候，客户不会有很高的参与感。

价值

为客户增加产品以外的价值，就是增加促进客户购买的砝码。建立和维持这种价值可以增加客户在购买过程的参与度，而用价值词汇来阐述价值，会激起顾客积极购买的情绪。

愿景

在这个环节，销售人员应大量调动客户的“视听感”三觉，比如：

如果你真的买到了它，你会在什么样的场景里面使用？你会看到什么？听到什么？有什么样的感受？还有谁会因为你拥有了它而受益？

假设你已经成功完成这个项目/买到某东西，你的工作、生活会有哪些不同？

在事情发生的时候，如果有这份保险作为保障，会有什么不一样？

身份

身份能帮助客户在“产品拥有者”的愿景里面创造出大量的强有力的视觉画面，这些画面会包含客户对情感需求、社会需求等的痛点。

大多数人都在寻求群体认同感：

人们买的不是产品，而是买“产品拥有者”的身份。

人们买的不是课程，买的是“我是一个爱学习、上进的人”的个人形象。

人们买的不是保险，买的是“我是有风险保障的人”的身份。

人们买的不是房子，而“有房一族”的身份。

产品的细节特征

当我们在解决方案、价值、愿景和身份等方面进行了足够多的探索、聆听、陪伴之后，才能更容易、更清晰地了解客户的内心需求。

在这个过程中，我们会聆听到大量的价值词汇，需要用产品的细节予以匹配。如果在开始聊到产品的时候就进入产品细节描述，我们很有可能只匹配到了客户的浅层需求。

教练型销售软技能

除了教练型销售的逻辑层次，销售人员可以发挥 DISC 的 4 个特质来提升软技能。

S 特质：聆听

客户讲话的时候，销售人员要学会闭嘴。无论客户属于哪种性格特质，都不希望自己的倾诉被打断。让客户把话说完，抢话和插话，一是不尊重，二是没有深度聆听客户。

放下自己的评判，在聆听的过程中放下自己内心的声音，听客户把话说完，而不是在听的过程中就想着如何接话或者反驳，客户是能够感受到我们对他的评价的。当我们只顾聆听自己的想法的时候，就是在走神且没有聆听客户，会丢失很多重要的信息。

D 特质：再次确认

聆听之后的再次确认很重要，让客户觉得你不仅在听，而且能听懂。

我们需要把聆听到的、客户所提到的关键词、高能量词、价值词汇重复给客户，这是信息的关键点，也是在对客户的表达表示充分的尊重和关注，如“我听你说到……这些对你来说为什么这样重要?”

I 特质：好奇

如果客户说得比较少，我们可以用以下方式来提问：

“我很好奇，您……?”

“我特别想知道您……，可以给我说说吗?”

C 特质：思考

提问之后可以静默等待，留给客户足够的思考时间，不用为了缓解尴尬而接话，打断客户的思路，这是客户很有价值的思考时间，思考时间越长，对销售越有利。

客户回答之后，销售人员可以短时间静默。在开口之前，问问自己：他刚刚说了什么？里面有哪些有价值的点?

相信大家学会了用教练的方法来做销售，成为教练型销售之后，一定会有不一样的收获。

唐子穆

DISC国际双证班第87期毕业生
说服力销售培训师
新零售生态搭建顾问及培训师

2. 望问闻切
——挖掘客户"痛点"的顾问式销售

如果说，全球有一个职业是每个人都以不同形式正从事或从事过的话，那就是销售。

你是否有过这样的经历？想要说服老板采纳自己精心策划的方案，话音未落却被拒绝？想要说服下属共渡难关，响应者却寥寥无几？想要说服同事采纳你的观点，却始终无法打动对方？想要说服爱人一起承担家务，对方却无动于衷？想要说服孩子完成作业再玩耍，可一转身孩子又玩起了游戏？

说服别人采纳自己的观点或建议的过程，其实也是销售的过程，而我们每个人这一生或多或少地都在推销自己。

销售这一职业并不属于特定人群，人人都可以通过学习专业知识、积累实践经验以及系统并持续地刻意练习，掌握销售技巧，成为有说服力的销售高手。

本文将 DISC 行为风格分析理论与顾问式销售技巧相融合，围绕“望、问、闻、切”四个关键环节，逐一阐述如何在销售过程中运用 DISC 行为风格理论，使我们明显、快速地提升销售技能。

望——慧眼识人，辨别特质

“望”有两层意思：第一层意思是“以貌取人”，即通过客户的穿着（基本服饰、鞋子）、配饰（如佩戴的手表、耳环、项链、皮带、钱夹、包等）判断客户的消费水平；第二层意思是，借助客户的穿着、配饰、言谈举止来判断客户属于哪一种特质，为接下来选择销售策略提供参考。

“以貌取人”

俗话说：“远看头，近看脚，男看表，女看包，双手空空就看腰。”

远看头，顾名思义，看客户的发型。通常，发型清爽、整齐的人比发型油腻、凌乱的人消费能力强。

近看脚，即从客户的衣着、鞋子入手。一般，服饰华丽、鞋面干净整洁的人比鞋面破烂的人消费能力强。

男看表，通常，佩戴名贵手表的男性比佩戴普通手表的男性消费能力强。

女看包，一般，携带名牌箱包、限量钱夹的女性比携带普通、大众箱包或钱夹的女性消费能力强。

双手空空就看腰，即看客户佩戴的皮带，尤其是针对男性客户，佩戴名牌皮带的人一般比佩戴普通皮带的人消费能力强。

用 DISC 行为风格理论辨别客户特质

判断客户消费能力后，我们接着用 DISC 行为风格分析理论判断客户的性格特质，为后面准确地"看人下单"提供参考依据。

D 特质客户：衣着简洁，目标明确

D 特质的人穿着打扮大多以冷色调为主，如灰、白、黑，服饰搭配颜色通常不会超过三种；以商务装出现在各个场合，配饰有质感。他们说话通常开门见山，言简意赅。

如果在卖场内遇到一个穿着白衬衣、黑西裤、黑皮鞋，行走如风的男士，或者在谈判桌上遇到一个不戴耳环、短发齐耳、不染不烫、佩戴大表盘、一身西装的女士，多半是 D 特质比较明显的人。

I 特质客户：服饰夸张，热情洋溢

I 特质的人通常时尚艳丽、服饰夸张。彩色的表盘、绚丽的口红、醒目的耳环，这些都是属于他们的服饰特色。

而且 I 特质明显的人，总是言笑自若，热情洋溢。

S 特质客户：衣着朴素，轻言细语

S 特质的人穿着比较中庸，生怕吸引别人的注意力，所以他们不会戴配饰，即使

戴了，也不会露在外面。

S 特质明显的人，绝不会热情洋溢地主动打招呼，脸上常常都是淡淡的笑容，笑不露齿，讲话轻言细语。他们通常不会被派到商务桌上。

C 特质客户：严谨刻板，不苟言笑

C 特质的人，喜欢条纹和格子，觉得职业装也蛮舒服，所以在商场遇到身着职业装、还戴一副长方形黑框眼镜的人，基本可以判断是 C 特质比较明显的人。

他们不苟言笑，思维缜密，条理清晰。

问——“灵魂考问”，找准痛点

顾问式销售最重要的环节是“问”。

为什么“问”是最重要的呢？《市场营销》里说，“要以客户需求为企业的第一生产力导向”，就是要我们去探究、发现客户的需求。怎么发掘客户的需求呢？有人说，市场调研啊！对！市场调研的方式就是提问！所以，一个优秀的销售或者商务谈判专家，一定是会问问题的人，而不是泛泛而谈的人。

“问”分为销售自问以及问客户两方面。

销售人员通过自问，是为自己找准销售目标而进行的销售前心理建设，从而为进入真正的销售环节做好充分准备。

问自己

向客户提问前，销售人员首先得问自己 6 个问题，分别是：

第一，我是谁？

第二，我要跟客户谈什么？

第三，我谈的事情对客户有什么好处？

第四，如何证明我讲的是事实？

第五，客户为什么要向我买？

第六，客户为什么要现在向我买？

我是谁？

针对关于“我是谁”的追问，我们需要运用 D 特质的“目标明确”和 S 特质的“同理心”去思考。有个岗位名称定义得很好，叫“客户代表”，即站在“公司立场与客户角度”的人，其岗位职责就是“在可盈利的前提下，尽可能地满足客户需求”。

我们需要时刻牢记“目标”是要盈利，要挣钱，同时我们又要运用“同理心”去理解客户，为客户着想，考虑客户的感受。既不能不顾盈利，一味地满足客户需求，也不能为了挣钱就漠视客户的需求与感受，而是要尽力发挥 D 与 S 特质，去平衡公司的利益与客户的需求。

我要跟客户谈什么？

找准了销售的角色定位以后，我们应该更加准确、严谨、一丝不苟地去思考客户的需求。我能满足客户的需求吗？能满足到什么程度？切忌过分调用 I、S 特质与客户天南地北、不着边际地闲聊，更不能高谈阔论，随意应承客户，把“我是谁”“我要与客户谈什么”的初衷抛之脑后。

我谈的事情对客户有什么好处？

对于客户来说，购买商品的初衷是满足需求。我们只要让客户意识到这桩买卖是对等的交易，是名副其实的，我们就成功了一半。

想要让客户明白我们所提供的方案和服务是能满足其需求并可以解决问题的，需要充分发挥 D、C 特质，对客户晓之以理，客观地分析我们所了解到的他的需求，严肃认真地提出解决方案，千万不要扩大描述客户的需求，夸大解决方案的效果。

如何证明我讲的是事实？

如何向客户证明这些效果都是真实的呢？这个环节比较简单，充分发挥 C 特质，用事先收集好的各种客户反馈数据及使用感想来向目标客户证明。

例如，借助老客户订单成交数据、签约合同的照片、客户反馈的聊天截图等，以证据营销的方式将销售案例、客户评价等信息呈现给目标客户。

客户为什么要向我买？

如今各行各业的同质化现象日益严重，价格也不相上下，销售成功与否的关键就在于服务。产品的性价比不仅要好，服务态度更要好，才能促进客户购买。

这个环节需要充分发挥 S 特质的耐心和 I 特质的友善，要做好充分的心理准备来面对和包容客户的犹豫反复，也要保持持久的热情，切忌先冷后热（有成交倾向前冷，有成交倾向后热）、先热后冷（有成交倾向热，暂时没有成交倾向就冷）。

客户为什么要现在向我买？

商场如战场，瞬息万变，今天客户表现出极大的热情表示要签单，你打算第二天下午高高兴兴地去签合同，谁知道第二天一早传来客户昨天半夜被你的竞争对手“截胡”的消息。

在这个环节，要充分发挥 I 特质，准备一个又一个的故事，说服客户及早签单。

问客户

面对客户，我们首先要与客户联系，了解客户的现状，并根据其现状巧妙提问，随着沟通的深入挖掘并揭示客户的痛点，从而找准客户的真正需求。

在向客户提问时，主要围绕以下五个方面：

第一，开场提问。

第二，对现状提问。

第三，对现状所造成的问题提问。

第四，对问题所产生的影响提问。

第五，对需求确认提问。

开场提问：与客户建立联系

不管是在零售超商里，还是在商务谈判桌上，先与客户寒暄暖场，建立联系，相比直奔主题，更能为我们加分。

那面对 D、I、S、C 四种特质的客户该怎么打招呼呢？有个规则叫“开场问题简单问”，即用一句很简单的话语开场，巧妙、自然地过渡到商务场景，而不是一开场就介绍行业背景、企业前景、产品优势等。

遇到 D 型客户，要不卑不亢地问好，说话时语调沉稳，语气礼貌，态度坚定。如果是上门拜访，要言简意赅地表明来意；如果是迎接客户来访，要直切主题，问明来意。

其次，I 型客户是比较好打交道的，如果能夸夸这类型的客户，保准开场提问很顺利。

S 型客户的情绪很平和，跟他们打招呼要轻声细语，神情温和，尽量站在他们的侧面，简单问候并耐心等待回应，不要急于切入正题，待其缓缓点头或者微笑之后，再用简单问题切入。

C 型客户的情绪很内敛，甚至有时候看起来很阴沉，也不适应很快的节奏，所以我们的语速要放缓一点，每句话说完要停顿一下。他们的感情也很丰富和敏感，所以每次停顿要注意眼神的交流，以示我们的关注。

对现状提问：找准客户“痛点”

与客户建立了开场联系，我们进入正式问话的第一阶段——对现状提问，也就是找“痛点”的阶段。这个阶段可通过“发掘需求开放问”和“引导需求封闭问”两个方式来找准客户“痛点”。

第一步，找到“痛点”——我们用“发掘需求开放问”的方式，即不要设计让客户只能回答“是”或者“不是”、“有”或者“没有”的问题，而是提出疑问，让客户能够延展回答，来发现客户的“痛点”。

第二步，明确“痛点”——我们用“引导需求封闭问”的方式去引导用户回答“是”或“否”、“对”或“错”、“有”或“没有”，来验证上一步所发现的“痛点”是否属实。

对现状所造成的问题提问：在伤口上撒盐

通过对客户现状的提问，客户已经从潜意识里认识到自己的“痛点”，也就是需求，但是还意识不到这些“痛点”会给自己造成哪些问题，特别是负面的问题，所以这一步我们要做的是对现状所造成的问题提问，也可以叫“在伤口上撒盐”。

在现状提问环节，切记是针对可以直接观察到并且实际发生了的问题进行提问，而不是无中生有或是夸大问题。

这个方法几乎对任何领域的销售都适用。保险销售员会问：“如果您生了大病，您准备用来治病的最高金额是多少?”房屋销售员会问：“您现在住的地方没有好的小学，那您孩子上学准备怎么办呢?”汽车销售员会问：“您知道价格在 20 万以下的车百万公里死亡率是多少吗?”

对问题所产生的影响提问：撕开伤口再撒盐

不是所有的客户都能直面自己的问题，也不是所有的客户在明白自己的问题后就有立马下单的冲动。这个时候，我们需要强化客户的“痛点”，我们称这步叫“对问题所造成的影响提问”，就是要对问题能够带来的直接或间接的最恶劣的负面影响进行提问，而且不断地从各方面去加深这个影响。

对需求确认提问：实现下单成交

对于 D 型客户来说，如果你找对了“痛点”，而他们也具备消费能力，鉴于其反应迅速、发现问题要立马解决的特质，他们应该会主动开始选择产品或服务。此时你可以乘胜追击：“根据您的情况，我建议您选择 A + B 套餐，效率会更高，效果会更显著！”

对于 I 型客户来说，只要找准了“痛点”，一般在对“现状所造成的问题提问”时，他们就会很主动地回应你。到了“对问题所产生的影响提问”时，他们会不断地询问：“那该怎么办啊？”I 型客户在面对压力时会轻率、情绪化，很容易在连续的心理攻势下选择毫不犹豫地听取你的建议。

对于 S 型客户，即使你找准了“痛点”，不断地加深“痛感”，他们还是会犹豫不决，此时，不要急于进入“对确定需求提问”阶段，你要有耐心地不断重复“对问题所产生的影响提问”，直到他们认同你提出的每一个问题且积极回应的时候，你离签单也就不远了。

对于 C 型客户，你也要有耐心地不断重复“对问题所产生的影响提问”。只要他们发现你提的问题都是客观的，你描述的影响都是准确的，就会向你询问解决方案。

闻——倾听客户的诉说

很多客户在需求不那么强烈，或者销售人员挖掘“痛点”并不怎么准确的情况下，会提出各种异议，甚至会怀疑销售人员的能力。这种时候销售人员要保持冷静，因为客户针对的是产品，而不是个人，要保持友善的态度，耐心倾听客户。俗话说得好：“嫌货才是买货人，交口称赞是看客。”客户挑毛病不是坏事。

那么在客户提出异议时，销售人员具体该怎么做呢？

面对D型客户的异议，销售人员应不卑不亢、从容应对。

D型客户：“你这种做法是绝对行不通的！首先我就不同意！”

销售人员：“我了解您的意思，您能不能详细说一下您的想法和建议，我立即参考修改一下！”

面对I型客户的异议，我们可以采用把话语权交给对方，让对方尽情展现的方式应对。

I型客户：“天哪！你这样的方案我都看不下去！你还想通过经理那里！你放弃好了啦！”

销售人员：“您说得有道理！那您觉得要怎么改，咱们经理才能通过呢？”

面对内敛的S型客户，利用同理心也可以打开他们的话匣子，获悉他们的真实想法。

销售人员：“我理解您的心情，您怕伤害到我，所以不愿意提想法对不对？没关系，我很需要您的建议，因为您的建议对我很重要！”

面对C型客户的异议，也可以从容应对。

C 型客户："化妆品含有各种有害的化学物质，比如铅，你还推荐我送女朋友，没问题吧？"

销售人员："我知道您是为女朋友好！我们这款化妆品是经过国家化妆品质量监督检验中心认证后上市销售的，您看，这是质检证书，这是客户对产品的使用评论，供您参考。"

在这个阶段，灵活运用聆听的技巧和处理异议的话术，可以有效地降低沟通成本，快速提升客户的信任感，避免谈判僵局以及交易失败的情况。

切——推荐产品和服务

在销售中，"切"是指根据客户的需求"痛点"，向客户推荐能够满足其需求的产品跟服务。

它包括以下四方面内容：

介绍产品特征

什么是产品特征？产品的原产地、产品的原料、产品的工艺流程、产品的大小、产品的颜色、产品的形状等，这些都叫产品的特征。既然是特征，也就是这个产品所独有的。

我们来看一个保险行业的例子：甲说我们保额高，乙说我们保额也高；甲说我们保费低，乙说我们保费也低；最后甲说我们任何费用都报销，乙说这个我们做不了。"任何费用都报销"就是甲的产品的特征。

介绍产品优点

产品的优点，是通过产品的特征而呈现的。竞品所没有的，就是产品优点。通常我们说优点的时候，都会用“更什么”来表达，比如说更实用、更高档、更温馨、更保险等。

如购买了一款任何费用都报销的保险产品，相较于另一款只报销特定费用的保险产品而言，该保险产品的核准周期就会较短，流程也会更加简单，从而给客户带来更加快捷和直接的帮助，这是通过“任何费用都报销”这一特征而体现出来的优点。

介绍客户利益

客户利益，即通过产品的优点能给客户带来什么样的利益或者好处。

产品或服务给予客户的利益、好处一定是根据之前所找到的客户需求及“痛点”来对症下药，而非盲目地向客户介绍产品可提供的利益及好处，这也是“切”环节最核心的部分。

对于 D 型客户，在找准了其需求及“痛点”的前提条件下，要强调的客户利益通常可以描述为“效果更好”“效率更高”。

对于 I 型客户，在找准了其需求及“痛点”的前提条件下，要强调的客户利益通常可以描述为“更绚丽夺目”“更时尚大方”“更个性独特”。

对于 S 型客户，在找准了其需求及“痛点”的前提条件下，在强调客户利益时，可使用“更贴心”“更呵护”“更人性化”“更友好”“更舒适”“更耐用”等这样的关键词。

对于 C 型客户，只要遵循一个准则：认清其需求，并一丝不苟地满足他。

介绍证据

即提出证明，也就是如何证明向客户提供的产品都是真的呢？需要运用“力求准确”这个特质，向客户展示一系列论据，比如大量的成交照片、合同的照片、大量的数据证明、实验证明、大量的客户评价等，来证明“我讲的是真的”“我讲的对您有好处”，从而让客户找到购买产品或服务的快乐。

王晖

DISC+讲师认证项目 A0期毕业生
客户服务和团队管理专家
银行业服务效能杰出讲师

3. 体验为王——步步精心的客户服务心法

作为在银行业服务管理一线“摸爬滚打”多年的一名服务管理负责人和兼职讲师，无论是在落地辅导的现场，还是在课堂上，常常会遇到一些一线主管和伙伴向我抱怨：“我们也想多出点业绩，但是好些业务刚起个头儿，客户就说不需要”“要让客户满意太难了，动不动就会收到差评和投诉单，领导也不听我们解释”“我们想息事宁人，但常常是我们越着急，客户提出的要求越高”……

听到小伙伴们的这些抱怨，我常常会愿意多花一些时间来引导他们把苦水吐完，因为这本身就是一个释放压力的过程。如果有时间，我会带着大家从客户行为风格的角度，回看服务流程和沟通过程，尝试着把这些“卡点”变成未来的“提升点”。

重塑认知

问大家一个问题，让客户满意的服务，有标准吗？很多在营业厅一线的伙伴说：“客户满意还是不满意，全看他的心情，昨天他心情好，怎么服务都满意；今天他心情不好，就横挑鼻子竖挑眼，哪有什么标准！”

仔细想想，这么说也没有错。美国营销学会手册是这么定义客户满意度的：客户满意度＝客户体验－客户期望值。

当客户体验低于期望值，客户就会不满意，表现出生气、失望，甚至认为被欺骗；当客户体验超出期望值，客户会心情高兴、愉悦，对服务满意；当客户体验远超出期望值，那就是惊喜服务，客户心花怒放，忍不住要发个朋友圈晒一晒。

生活中，网购的买家秀和卖家秀，真实地反映了期望值、客户体验和满意度之间的关系。

客户体验不仅包括视觉、听觉、嗅觉、味觉、触觉这些感官体验，也包括客户与企业员工之间互动时的情绪和感受，是激动、高兴、安心，还是紧张、失望、沮丧。这种多元化的服务感知决定了他们下一步的购买行为，也就是是否会选择购买我们的产品或服务，是否会再次选择我们的产品和服务，以及是否会带着朋友一起来。

美国知名行为心理学家发现，体验是可以被设计的，那些令人愉悦的时刻大致包含4种因素：欣喜、认知、荣耀和联结。如果我们在为客户提供产品和服务的过程中，能够为他们制造这些美好瞬间，就可以提升客户体验。

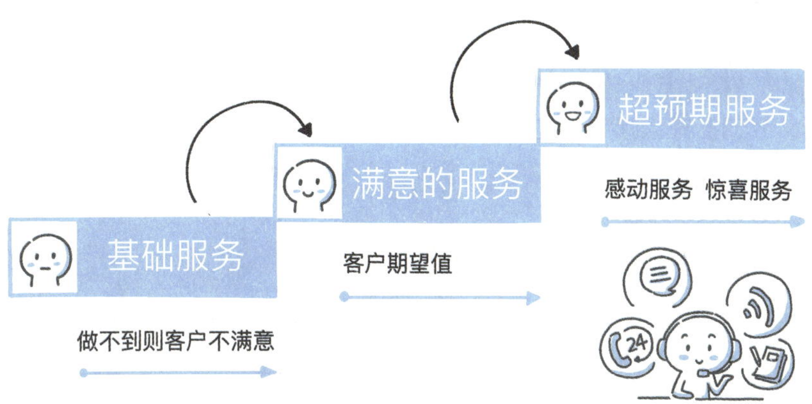

当我们明确了客户满意度 = 客户体验 − 客户期望值，就会发现，可以通过提升客户体验和管理客户期望值这两个维度来提升客户满意度。

客户期望值来源于业务需求和人性需求这两个方面：

在业务上，要求理性价值的问题解决：准确——一次就做对；快速——及时地响应；有帮助——可以解决问题；说到做到——信守承诺等。

在人性需求上，要求感性需求的满足感：亲切、微笑、友善，真诚、贴心、热情，考虑周到、受到尊重等。

不同的人对准确、快速、友善、受尊重的认知和要求是不一样的。在服务客户的过程中，我们很难了解客户"冰山以下"的心理需求，但可以结合 DISC 理论工具，从客户的行为风格来了解和预估客户的期望值。

知己解彼，同流才能交流

根据 DISC 理论，我们可以通过关注事情还是关注人、直接还是间接这两个维度把人的行为风格分为 D、I、S、C 4 个类型。熟练掌握 DISC 工具方法，一方面我们可以了解自己的行为风格，在跟客户沟通的过程中控制自己的情绪；另一方面，可以帮助我们提升人际敏感度，透过客户的行为洞悉对方大致是一个什么样的人，大致有什么需求。

管理过程学派的创始人亨利・法约尔说：管理就是预测和计划、组织、指挥、协调以及控制。当我们可以通过客户行为预测客户的需求时，我们就有可能预估客户的期望值，进而组织、协调资源为客户解决问题，做好服务。

在这里，我们必须清楚地知道，客户的行为风格具有倾向性，同时每个人身上都有 D、I、S、C 4 种特质，只是比例不同。在不同的情境下，客户所呈现的行为特质有所不同，我们要了解不同特质的关注重点，喜欢什么，讨厌什么，然后用其喜欢和接受的方式影响对方，销售过程如此，客户异议和投诉处理也是如此。

D 特质客户的服务关注点

D 特质客户，非常注重速度、成本和效益，喜欢拥有掌控权。他们的穿着通常以低调的颜色为主，讲话坚定有力。如果你给出的产品建议符合他的预期，他的购买决策速度会很快；反之，如果不符合，D 特质客户也很难接受你的进一步推销，甚至直接表现出不耐烦。

如果某个客户一走进营业厅，张口第一句话就是“把你们行长或主管找来”，在发泄不满情绪的过程中，动辄就说“我要到银监和消协投诉你们”，这一般是 D 特质客户。

他们关注的是速度和被重视程度，如果你没有立即给出解决方案，D 特质客户有可能当场爆发。

D 特质客户期待的服务：有完整的说明、节省时间，能够主导整个过程，能够感受到诚意和看到立即改善的成果，比如由负责人亲自接待，下次再来就看到变化和改善。

为 D 特质明显的客户服务的禁忌是：千万不要和他据理力争，因为这是一个完全吃力又不讨好的事情。适时的道歉和感谢，可以让彼此的沟通更加顺畅。

I 特质客户服务关注点

I 特质客户喜欢新鲜的事物和热闹的氛围，注重购物的感觉，只要感觉对了就会买，有时候甚至克制不了购物的欲望。他们非常注重对服务人员的第一印象，重视产品有没有知名人士使用。I 特质客户喜欢色彩艳丽、款式新颖的服装，在他们眼里，只要见过面的工作人员都是朋友，会主动打招呼。他们喜欢结伴而行，如果有好的活动，会招呼身边的朋友一起参加。

I 特质客户很容易信任别人，成交也很利落，他们在沟通过程中会选择性地接受想要听的信息，而自动忽略不想听的内容，这在一定程度上会造成风险提示的无效性。I 特质客户在遇到市场波动、亏损等压力状态下会情绪反弹，情绪起伏比较大。

I 特质客户期待的服务：能够及时被关注，保持温暖、关心和热情的笑容，认同他们的问题，能够立即处理的问题不要拖。

I 特质客户比较情绪化，在处理他们的抱怨和投诉时，一定要先安抚好他们的情绪，再解决事情，让他们好好发泄一顿就是有效沟通的开始。

S 特质客户服务关注点

S 特质客户温和有耐心，容易设身处地为他人着想。这类客户有两个特点：一是敲定产品的时候犹豫不决，会很耐心地比较产品之间的差异，也会咨询别人的看法和意见；二是遇到问题，哪怕是投诉，都会用温和的态度来表达，绝不会在公开场合咆哮。

S 特质客户很容易共情，能够体谅对方的不容易，有时候因为拖延，会把问题不了了之，比如产品过了售后保修期。

S 特质客户会容忍服务中的一些小瑕疵，但也有底线。如果有一天他们在沉默中爆发，处理投诉和解决问题的过程就会被拉得很长。对待 S 特质客户，不应推卸责任，多提供一些产品和服务的注意事项，耐心听他们说，保持关怀和问候。

C 特质客户服务关注点

C 特质客户谨慎，注重流程，喜欢问问题，要求精准。这类客户很理性，在购买产品的时候，会仔细查看和询问产品说明书上的细节，喜欢通过比较来做决定。他们常常会问："这个是怎么算出来的，你再给我仔细说说。""比较基准，能够保证吗？如果到时候达不到怎么办？以前有发生过未达预期的情况吗？"

C 特质客户最关心的是事情和问题的解决，在遇到问题抱怨和投诉的时候，会列举一些证据。

在解决 C 特质客户提出的异议和投诉的时候，首先要认可其看法，对其表示肯定和赞赏，因为他们对别人的要求很高，却很难接受自己是错的。要以思考者的角度，把与事情相关的所有过程、细节、文档全部了解清楚，再向他们一一做出说明。如果你的说明不够严谨，在沟通中 C 特质客户一定会找出漏洞，再次跟你理论。

步步精心，好服务长出来

好的服务，是有心法的。结合 DISC 理论，我们来看看以下 4 个心法。

心法 1：用 D 特质明确目标

我们把客户体验金字塔分为三个维度：最基础的是满足需求、符合预期，中间一层是轻松愉悦，最上面一层是惊喜服务。

在服务一线的伙伴们，必须清楚核心业务需求的满足是基础。比如我们去吃早餐，选的是豆浆和油条，如果豆浆不够顺滑、油条不够酥脆，那么无论赠送的小菜多么可口，我们的用餐体验都不能称为满意。

提供好服务的第 1 个心法，就是用 D 特质明确目标，业务办理快，推荐功能准。

心法 2：用 I 特质营造氛围

用 I 特质营造氛围包括视觉、听觉、嗅觉、味觉、触觉的五感体验，也包括对客户心情和情绪的关注。

现在大多数银行以及金融机构在硬件的打造上已经从干净整洁、宽敞明亮逐步转向温馨、有特色，关注客户动线体验角度。有的网点在厅堂设置读书角、咖啡吧、提供有声读物，大多数银行设置 VIP 贵宾服务区，选择在私密性好、高端商务地段设点，为客户营造尊贵、私密、有品质、有文化底蕴的空间体验。这属于五感体验。

在客户心情和情绪方面，服务行业一直有一句顺口溜，叫“笑起来、动起来、跑起来”。这就是运用 I 特质，将主动、热情、急客户之所急、想客户之所想，付诸行动。

心法 3：用 S 特质关注感受

在生活中，我们常说：“人同此心，心同此理。”说的就是“同理心”，用 S 特质关注感受，就是设身处地地换位思考，耐心倾听客户的想法并理解其情绪。

对于一个 S 特质高的伙伴而言，关注对方的感受是习以为常的做法。对于 D、I 和 C 特质明显的伙伴，需要有意识地调动潜在的 S 特质，把焦点放到客户身上。

在服务客户的过程中，关注客户的感受，需要做到的第一点就是打开耳朵，闭上嘴巴。分享一个 3F 聆听法。3F 分别是：Fact（事实）、Feel（感受）、Focus（意图）。

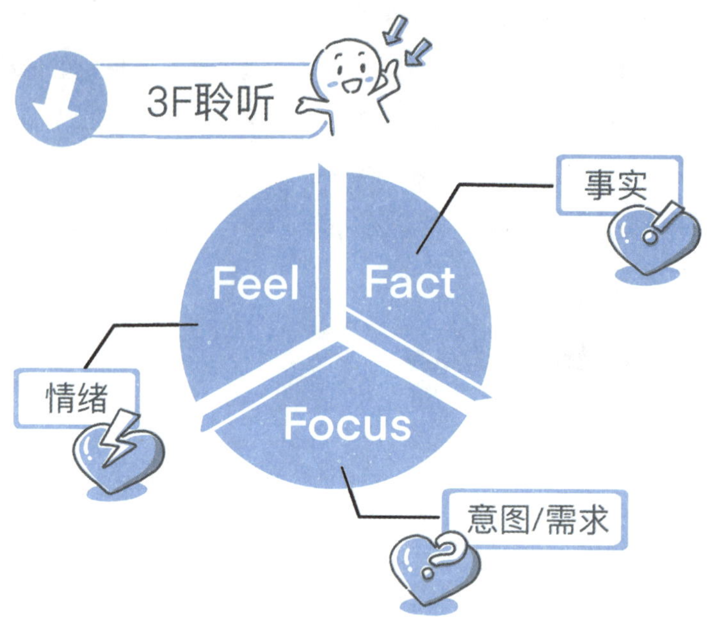

我们假设这样一个场景：一位老大爷急匆匆地跑进营业厅，着急地说："姑娘，快帮我看看，我卡上的钱怎么没有了？"

听到了什么？这位大爷的感受是什么？着急！

卡上钱没了，是事实吗？不一定。

这位大爷的卡上有钱吗？基本可以确定，有。

大爷的意图是什么？想知道钱去了哪里。还有呢？

其实大爷还有一种对银行潜在的不信任。

用这个架构去拆解，我们才能真正做到关注客户的感受。

心法4：用C特质提供佐证

明确了目标，也关注了客户的心情，接下来需要处理事情。无论客户是关注人，还是关注事，在满足业务需要和解决问题的过程中，我们需要用专业、严谨的态度，提供相应的材料作为佐证。

如果是推荐一款产品，那就是完整的产品说明书、风险提示、必要的客户签章确认。如果是投诉的处理，就是业务来龙去脉的原始材料以及必要的政策法规条文。数字、细节和案例，比简单的“我理解您的心情”“我们也很想帮您”更有力量。

最后跟大家分享一句心得：**客户真正关心的不是事情本身，而是你选择的回应方式以及你所做的努力。**

用客户接受的方式影响他们，用客户想要的方式给他们需要的回应，竭尽全力，而不是尽力而为，你的努力，客户看得见。

愿所有服务在一线的伙伴，以服务之初心，塑客户之体验，与客户和谐共舞，让好服务从心底“长”出来。

谢菁

DISC国际双证班第44期毕业生
私人财富管理师（CPWM）
保险行业精英的培养者

4. 促成销售——打动并影响他人的说服力

每个销售人员都希望销售的成功率高，尽快地促成交易。对于不同类型的客户，如何做才能够快速建立联系，有效沟通并尽快促成销售呢？这是销售人员最大的疑惑，我拥有十几年销售经验，也在不停地思考这个问题。直到我学完 DISC 这门课程，试着在我的工作中应用它，收获颇丰，于是我开始进行总结和复盘，我到底是如何借助 DISC 来促进我成为更好的销售人员的。

销售不是简单地卖东西，而是了解和激发人类天性的技巧和影响他人的能力。销售其实是一个满足客户期待的过程，因此销售要看客户的“需求心”，而不是只看自己的“成交心”。

互联网时代的销售在革新，我们可以借助信息平台、对人行事风格的观察和分析来加深对客户的了解，提高和客户的沟通效率，从而缩短销售流程，达成快速销售的目的。接下来，我主要介绍通过对微信朋友圈的客户的信息收集、梳理和分析，借助 DISC 分析工具和不同类型客户进行接触沟通并促成销售的思路与流程。

微信营销的三个法则

微信营销侧重于人与人之间的情感沟通，营造一种温暖的氛围，建立与客户之间的情感关系，让客户充分享受被服务的乐趣，让彼此之间多一些理解和尊重。DISC 理论可以帮助我们快速地拉近与客户之间的关系。

法则一：让客户知道、了解你

向陌生人销售，首先要让客户知道我们是谁，知道我们在做什么，这是其产生购买行为的基础。

基于现今社会注意力具有稀缺、不能共享、不能复制、难以量化、可以传递等特点，我们在做销售的时候要想获得更大的收益，就必须采取各种手段把握更多的注意力资源，最大限度地吸引客户的眼球。

首先要锁定目标客户，通过推荐等途径找到目标客户；其次给客户最简单的信息，让客户对我们产生印象；最后是要让客户对我们的产品产生深刻印象。产品是死的，要想办法将其激活，赋予产品以生命，让目标客户了解它、信任它、购买它。

法则二：让客户相信你、喜欢你

向陌生人销售是否成功，最关键的因素在于客户是否相信我们，是否对我们有充分的信任。

我们可以从以下几个方面入手：

重视信息资源的收集和积累，无论是客户信息还是产品信息。

对目标客户建立信息库，收集目标客户信息，关注和收集客户朋友圈发布的信息。

注重与客户的双向沟通，获得客户的认同与注意。

多为客户做一些增值服务。

少发无用信息。

法则三：让客户选择你、依赖你

要想让客户喜欢我们，就要求我们投客户所好，挖掘客户的需求。客户为什么要买我们的产品？客户为什么找我们购买产品？

所以，提升自身和产品的价值非常重要，同时要重视客户的体验，提升客户的黏度。

基于 DISC 销售的四步骤

通过微信朋友圈向陌生人销售分为四步：第一步朋友圈初了解，第二步微信约见，第三步与 D、I、S、C 4 种客户面谈，第四步促成销售。

第一步：朋友圈初探

首先在获得客户的信息后，加客户的微信，然后有针对性地去查阅客户的朋友圈，对客户朋友圈的信息进行分析和归类，了解客户的习惯，初步分析一下客户的哪种特质比较高。

D 型客户

他们的朋友圈比较简洁，目标性比较强，一般会简单明了地发些原创的文字表达心情，可能是很开心的，也可能是一些抱怨的，但都是非常真实的，毫不顾忌别人的眼光和看法。朋友圈签名栏，可能是个性照片，也可能是空着的。他们的观点非常地明确。

I 型客户

他们的朋友圈的内容丰富多彩，喜欢展现自己，喜欢美颜自拍，也会上传很多活动的内容，因为他们是影响力中心，喜欢人多的地方，喜欢比较热闹的场面。相册封面和个人头像都会放自己的照片。朋友圈的内容多以照片为主，而且数量一般都比较多。

S 型客户

他们的朋友圈不会过多展示自己，比较委婉一些，可能会上传一些风景或孩子的相片。若转发一个链接，如果想评论，他们也会很保守地选用文章里面的内容，而不是自己总结的一句话。他们的相册封面和个人头像都喜欢用风景相片。朋友圈的内容也以分享居多，比如说某某工具很实用、某某音乐很好听等等。

C 型客户

他们比较严谨，朋友圈的内容比较少，多是转发。他们不希望轻易被别人读懂，所以不会发表太多的文字，更不喜欢放自己的自拍。因为他们的世界，只有自己懂。

第二步：微信约见

D 型客户

用简洁明了的一句话，说明想要跟他见面的目的，然后让对方定时间和地点，最好的方式是：自己的办公室和他的办公室，让他选。原则依然是简洁明了，让对方做主。

I 型客户

赞美，赞美，再赞美，夸到对方认为你是知己的时候再约见面。可以让对方选地方，如果确信自己提出的地方对方一定会喜欢，也可以自己来定。

如果对方很忙，不容易约见，可以用请对方帮个小忙的方式约见，比如听说他在哪个领域很专业，想要去请教他一下，这也是容易约到 I 型客户的方法。

S 型客户

一定要温和，太热情会吓到对方。赞美最好是借助介绍人的嘴巴说出来，比如是某某介绍我认识你，说你是一个特别温暖、细心、会关心别人的人，所以我特别想要和你认识。

见面的时候注意选公共场合，如果选对方的办公室或自己的办公室，都会给对方压迫感，都是不合适的。选公共场合也要细心地考虑对方的需求，比如公司附近的星巴克。如果是在对方公司附近的地方，对方会觉得我们很细心，会更加信任我们。

C 型客户

问好后先主动地给对方一些资料，如工作奖状、证书，介绍自己和公司实力的资料。对方没有多余的回复，只说我会看看，这时候就不要再多说话了，过两天再约见面。最重要的是给资料，然后就是给足够对方思考的时间。

第三步：与 D、I、S、C 4 种客户面谈

D 型客户

和 D 型客户的第一次见面至少要提前 10 分钟到，并且做好一切准备，比如资料，需要的时候可以快速、准确地拿出来。要让对方感受到我们非常尊重他（她）的时间，简洁明了，切入主题，讲明内容，完整呈现可以带给对方的价值，每个环节要询问对方的意见，最关键的是要让对方做主。

I 型客户

约见 I 型客户时可以送一个有趣的小礼物；见面的时候，可以和对方拍自拍，发朋友圈。在发朋友圈的时候赞美要具体，比如说今天认识了一个非常风趣、幽默、有内涵的人。

要让 I 型客户心情好、感受好。当需要他们转介绍时，他们大多会张罗朋友一起，帮我们推荐产品。要特别注意的是 I 型客户答应得快，反悔得也快，因为他们就是这样比较随性和快速做决定的人。最好的方法就是让他们转介绍，当他们很努力地帮我们介绍这款产品的优势时，就不会反悔了。

S 型客户

和 S 型客户第一次见面时先送一个小礼物，记住这个礼物的价格不要太高，因

为价格太高他们会觉得很有压力。

约见面时，他们一般都会准时到，也许还会提前。所以，我们要切记不能迟到。在着装方面，要随和一些，不能太给对方压迫感，笔挺的西装会让对方不舒服。与其沟通的原则是，温和、放慢节奏，不要给对方压迫感。

获得他们信任和认可的最佳方式就是关注他们所在意的事情，给予及时的帮助和关心就可以了。

C 型客户

约见 C 型客户切记不能迟到，因为对方非常严谨；着装也要很专业。

他们常常要先考察我们的专业度，所以开场的时候直接讲专业信息，讲完一个段落后停顿下来，问他们的意见，给他们思考的空间和时间，但不能逼他们当场做决定。

第四步：促成销售

要抓住各个性格特质的特点，引导其做出决定。

高 D 型客户，怕麻烦，而且喜欢做决定，观点非常明确。一般来说，只要方案比较符合他的需求，他当天是能做决定的。

高 I 型客户，答应得快，反悔得也快，因此要直接请他们签字确定，或者请他们帮忙做介绍，同时要反馈他们的介绍给我们带来的影响，肯定他们在朋友圈的影响力，让他们觉得因为推荐好的产品可以得到更多的信任和尊敬。

高 S 型客户，一般比较保守，害怕犯错，如果要求他们当天做决定，可能会很难。他们最大的担忧是：我做的这个决定是否正确，要不要跟家人商量。所以，可以直接问是今天就可以签合同，还是需要和家人、朋友或者合同的相关人，比如领导或同事，商量一下。

高C型客户，一般都需要独立思考，时间也安排得非常清楚，所以不要逼他们当天做决定。可以说：你先思考一下，看是两天以后再做决定，还是再约时间具体沟通一下细节，到时把这个事确定下来？

销售是一种最有力、也最容易被忽视的打动他人的方法。尽管我们大多以为，人们主要是受个人利益驱动，但也有大量研究数据证明，我们所有人都会出于社会学家称为“亲社会”或“自我超越”的理由做事情。这也就是说，我们不光要调动自己为别人服务，也应该调动他们内在的服务欲望。

第六章

生活与美学：做一个活得漂亮的人

杜娟娟

DISC国际双证班第44期毕业生
CIPT认证讲师
焓睿企业管理公司创始人
国学文化传播者

1. 珠宝识人
——3秒读懂对面的Ta

每个人都有自己的特点。如果我们没有足够的人际敏感度，是很难理解别人的。了解 DISC 行为倾向理论之后，我们就会知道，每个人都会有属于 Ta 的性格特质和行为风格。

在充满个性的年代，随着消费理念的变化，人们佩戴的首饰不再大众化，更多人走上差异化、个性化、订制化的路线，珠宝首饰对于大家而言也不再陌生。那么，我们如何通过别人佩戴的珠宝首饰，来辨别其性格，然后更好地沟通呢？

我有一位同事，虽然不在一个部门，可是常常会跨部门地与她合作项目。一开始，我总是觉得沟通不太顺畅，她不太愿意接受别人的建议，所以有时项目推进的速度很慢，工作效率低。有一天，我发现她手上戴着一串碧玺手链，因为碧玺的颜色非常丰富，能够彰显自己的个性，于是我初步判断她是 I 特质的人。在与她沟通时，我注意从欣赏和赞美她的角度出发，先赞同她的观点和理论，再表达自己的观点，她变得特别愿意接受和配合。我们的合作更加顺畅，工作效率也提高了。慢慢地，我们还成为无话不说的好朋友。这件事也奠定了我开始用珠宝首饰来辨别人的性格特质的基础。

了解 D、I、S、C 的不同行为特质

我们常常用唐僧、猪八戒、沙和尚和孙悟空来帮助大家更好地了解 DISC 理论。

唐僧在接受了任务要去西天取真经以后，就确定了目标：不管一路上发生什么样的事情，遇到多大的困难和危险，他都不改初衷，必须一路向西。这就是他所追求的目标和想要的结果，明知道过程当中会困难重重，依然相信“办法总比困难多”！

这就是 D 特质。在整个团队里，他就是领导者、发号施令者。

I 特质的猪八戒很喜欢主动结识别人，每天都像个开心果一样，乐呵呵的。

S 特质的沙和尚每天默默地照顾着白龙马，挑着行李，起早贪黑，任劳任怨，从来不像猪八戒那样一会儿要回高老庄，一会儿要分家，也不像孙悟空那样是急性子，一个不高兴就要回花果山。在整个团队里，他照顾着每个人，默默地付出着。

孙悟空做事非常谨慎，他常常提醒大家有妖怪。他用火眼金睛观察着每一个细节，人们常说“细节决定成败”，孙悟空就具备那种关注细节、高标准、严要求的C特质。

我的职业生涯都是在销售型企业中度过的。不同特质的人在销售中也会有不同的行为表现：

D特质：做事果断、强势，以事实和目标为中心，喜欢支配人和下命令，时间观念强，喜欢直入主题，不愿意花时间闲聊，讨厌自己的时间被浪费。

I特质：爱好表现、爱炫耀，以自我为中心，情绪变化较快，希望被认可，也希望被尊敬。

S特质：腼腆、温柔，通常以他人为中心，关心他人、有耐心和同情心，不会拒绝别人，与人交谈时会认真聆听，总是点头，好像别人说的都对，非常有礼貌。

C特质：以事实为中心，以规则为导向，注意细节，较冷静，少言寡语，善于比较挑选，不急于做决定，不易受他人的影响，有主见。

如何通过珠宝识人

不同特质的人，打扮的风格是不一样的。接下来，就跟大家介绍，通过人们佩戴的珠宝首饰，3秒读懂他们的方法。

人们为什么要佩戴珠宝首饰？每个人其实都有自己特定的喜好，有人觉得佩戴珠宝首饰能够让自己更美丽，有的人佩戴珠宝首饰是觉得能够让自己更自信，还有人用珠宝来彰显自己的品位，证明自己眼光。不同的特质的人，在选择珠宝的时候，也会呈现一定的偏好。

D 型属性的珠宝：钻石，王者风范

有一句广告语，大家一定很熟悉，那就是“钻石恒久远，一颗永流传”。为什么说“钻石恒久远”呢？是说钻石的形成时间久远。之所以认为它有“王者风范”，是因为它是自然界中最坚硬的宝石。用钻石与任何一种宝石摩擦，出现划痕的永远不会是钻石。历史上钻石是皇权和地位的象征，也是财富的象征。

在某些特定场合下，我们需要快速与陌生人打开话题，并建立联系。如果我们在跟对面的 Ta 还没有任何交流时，如何快速发现 Ta 的特点，有技巧地展开话题呢？如果对面的 Ta 戴着一枚钻戒，Ta 会是什么性格特质呢？我们能直接判断，Ta 是 D 特质吗？答案当然是不能！为什么？因为成品首饰会有很多款式。钻石大还是小？钻石周围有没有配副钻？有些是群镶的款式，款式是简单还是复杂？是时尚款还是经典款？

比如，我们以右图这种款式的钻戒为例。我们需要观察的是，这枚戒指的线条流畅却不失时尚感。高抛光的工艺，戒圈比普通的戒指质地厚实，有霸气外露的感觉。戒壁打磨出立体形状，增添了佩戴者的气场。戒指的钻石比较大。那么，通常情况下，对面的 Ta，很可能是一位 D 特质比较高的女性。

I 特质的人喜欢什么样的款式呢？对于 I 特质的人来说，无论在什么场合，Ta 就是全场最亮的那颗星。群镶款众星捧月的效果，中间一颗主钻被高高托起，外圈配以副钻。群镶款式象征着佩戴者生活的多姿多彩，也象征着生活中美好的点点滴滴，这也非常符合 I 特质佩戴者的浪漫主义情怀。

一旦我们初步判断了对面的 Ta 是 I 特质，那么我们可以尝试性地与 Ta 初步沟通

几句来验证自己的判断，比如就从 Ta 的戒指入手，我们只需要说："你的戒指很特别啊！"I 特质的人一定会眼睛一亮，然后开始滔滔不绝地跟你介绍起这枚戒指来。

经典款的戒指永远不会过时，而且很百搭，无论什么样的服装配饰都能够搭配，随时随地都可以拿出来佩戴。如果看到佩戴这类款式的 Ta，基本上就能确定 Ta 是 S 特质了。从首饰初步辨别了 Ta 的性格特质之后，我们再跟 Ta 聊几句，验证一下，如果对方一直是作为聆听者在听我们说话，还频频点头微笑，不太打断我们，那就对了，Ta 确实是一位暖心的 S 特质人士。

C 特质的人更注重细节，且非常严谨，在选择钻石首饰的时候当然也不例外。如果我们从首饰开始聊起，当问到对方佩戴的首饰时，Ta 会告诉你这颗钻石是什么颜色，什么净度，钻石多大，戒指多重等等这些信息，基本可以确定对方是 C 型性格特质。

I 型属性珠宝：彩色宝石，热情似火

彩色宝石，也称有色宝石，具有玻璃般的光泽，通透明亮。最贵重的彩色宝石，如红宝石、蓝宝石、祖母绿等，受到了许多高端消费人群和收藏爱好者的喜爱。价廉物美的彩色宝石有水晶、玛瑙、碧玺和琥珀等。

大部分的红宝石来自缅甸，其中"鸽血红"尤为稀有和珍贵，透明度高，颜色均

匀，杂质和裂纹也较少。其实在纯天然的宝石中，这几点都是影响宝石价格的重要因素。从红宝石本身的属性来说，它代表着热情似火，也代表着爱情的美好。用它来彰显热情的 I 特质再合适不过了。

喜爱彩色宝石的人，都是愿意彰显个性、表现特性的人，这就是 I 特质的人的表现，热情洋溢，永远不会甘于平庸。

S 型属性珠宝：黄金，柔软包容

黄金通常被称作"硬通货"，从古至今，黄金不仅能作为首饰，它还是一种通用货币，这也是很多人到珠宝店购买首饰的时候，首选都是黄金的原因。

当然，现在我们买黄金首饰，大部分人是为了佩戴，而黄金首饰能够照顾到各个年龄阶段人群的需求。不管是刚出生的孩子，还是上了年纪的老人，都可以佩戴黄金首饰。

为什么把黄金作为 S 型属性的珠宝，因为它的可塑性很强，可以用小的克重做出形态逼真、造型各异的首饰。

C 型属性珠宝：翡翠，内涵丰富

在所有珠宝玉石中，翡翠被认为是变化最多、最复杂的"玉石之王"。翡翠的形成条件极为严苛和复杂，又有不同的颜色，如绿色、紫色、红色、黄色等。

从佩戴者的角度而言，通常选择购买翡翠的人，是因为翡翠寓意深远，具有祈福的含义以及传家的价值，这也非常符合 C 特质的人逻辑先行、目标清晰的行为特点。

与不同特质的人的沟通技巧

我们通过首饰来读懂对面的 Ta，最终的目的是什么？我们希望读懂对面的 Ta 之后，能够跟 Ta 有更好的沟通和交流。

D 特质的人

D 特质的人常常佩戴比较大的、明显但不花哨的首饰，显示权威。

与他们沟通时，要多聆听，虚心向他们学习；同时，自己一定要有自信。切记千万不要与他们针锋相对。他们做事讲究高效，所以要直入主题，不要闲聊，只说重点！

I 特质的人

I 特质的人常常佩戴比较张扬、有个性的首饰，颜色鲜艳，设计独特，常常不止戴一个。

与他们沟通时，要多赞美和夸奖，他们希望得到别人的认可和尊敬。我们就要投其所好，认真聆听，并要给予热情的回应。

S 特质的人

S 特质的人常常佩戴百搭且低调的首饰，小巧、精致。

与他们沟通时，一定要表示友好，极大限度地表现我们的耐心，要让他们感觉舒服和自然；同时也要多鼓励他们表达，因为他们习惯做倾听者，所以我们要想办法挖掘他们感兴趣的话题。有一点需要注意：因为他们很怕伤害别人，所以一般不太会主动结束聊天，这就需要我们注意观察他们的表情和动作，适时地结束对话。他们喜欢照顾人，其实他们也需要被照顾。

C 特质的人

C 特质的人常常佩戴品质比较好的首饰，精致，有品位，不张扬。

与他们沟通时，一定要有严谨的逻辑思维。他们不容易打开自己的心扉，戒备心很强，提问时可以使用开放式的问题。如果他们感觉到有压力、不舒适的时候，就可能选择不说话。

很重要的一点是，每个人的行为都是可以改变和调整的。在不同的场合，面对不同的人，我们会有不同的表现，佩戴的首饰也有可能会有所变化。所以，通过首饰来识人，并不是绝对的，不能随便地贴标签，更多的是需要提升我们的人际敏感度，结合对方的衣着、肢体语言、语音语调等进行观察。

对方是什么特质不是重点，重点是自己如何随时切换行为模式，用对方更愿意接受的方式来对待他们。让我们一起开启发觉之旅吧！

阳菌

DISC国际双证班第44期毕业生

效能教练®学院合伙人

2. 职场聚餐——走心是唯一的技巧

我大学读的是计算机专业，毕业后的第一份工作是工程师，所处的职场圈相对封闭。所以，每天下班后，我会去学习一些课程来充实自己，我第一个付费参加学习的线下课是 DISC 国际双证班。

2017 年 4 月 23 日，南京一日商学院结束后，作为社群的总馆长，春丽姐张罗大家吃饭。在饭桌上，我聊起 3 月学完 DISC 的变化，第一次参加演讲比赛，拿到了第二名，突破了自我。于是，春丽姐就鼓励我去做助推。那一次以后，她一直在默默地关注我，每一次都及时地给我鼓励。而学习活动之余的聚餐让我接触了许多资源，完成了职业转型，找到了自己热爱的工作，更成为效能教练学院的合伙人，这是我之前未曾想到的。

武侠世界里有“与高手过招，才能成为高手”的说法。每次和春丽姐吃饭，我都觉得收获很多。现在经常参加职场聚餐的我，常常给身边人留下好印象，在得到诸多良好反馈的同时，也让我收获了无限可能。

我是如何做到的？聚餐时有哪些值得注意的点？如何在职场聚餐时展现个人魅力，让别人忍不住注意你？且听我慢慢道来。

在项目管理里，有一个公式：**人＋流程＝成功**，这句话同样适用于职场聚餐。

一场职场聚餐里有不同的人物角色，需要“打配合、做组合”，其中组织者的角色至关重要，既要有全局观念，也要注重细节；这要求他既是有个人魅力的人，也是对人际关系高度敏感的人。一场聚餐，是一个小小的舞台，让我们的个人魅力得以放大和展示。

把控好职场聚餐的流程，可以帮助我们在聚餐中事半功倍，少走很多弯路。按时间线一般可以分为四大流程：**组局、进餐、酒水和收尾**。这个过程需要我们充分调动自身的D、I、S、C特质。

用D特质快速组织聚餐

在组织聚餐时，我们要解决5W问题——Why、Who、What、Where、When，也就是为什么吃、和谁吃、吃什么、在哪儿吃、什么时候吃。

目的非常重要，大家为什么吃这顿饭（Why）？是建立联结，感恩过去，还是一个特别的仪式，比如庆祝某个活动？如果不太清楚这次聚餐的目的，就要去询问下达任务的人，厘清意图。

明确目的后，我们要了解和谁吃（Who）？需要邀请谁？如何邀请别人才会来？

别人为什么而来？举个例子，当接到了一个领导下达的组织聚餐任务，目的是想感谢一位德高望重的退休老职工。这个时候，了解主宾（退休老职工）的职场背景是十分重要的。比如，提前了解主宾有没有不能同席的人，如果不知道，可以去询问对主宾很了解的人。做好功课后，邀约主宾，告诉对方请客目的，询问他："您有没有特别想见的人？"然后和他一起拟定邀约名单。

是吃特色、吃文化，还是吃特定食物，比如全羊宴，要考虑参加聚餐的是哪里人，有什么是他们不吃的。以我所在的城市南京为例，对于许多第一次来这个城市的朋友，我会带他们去南京大牌档，那里的南京特色小吃应有尽有。

选择什么样的饭店，需要综合考虑它的服务、环境、交通、特色、价位（预算）。在选饭店这方面，提前准备很重要，要有自己熟悉的饭店清单。平时可以多积累，对应不同级别的消费水平和客户特点，列出对应的2～4家常备饭店，以便在最短的时间内筛选出符合要求的饭店；也可以积累这方面的人脉，找到最熟悉这些饭店的人，平时维护好关系，以便在关键时候打电话询问。

在职场中，一个正式的邀请建议提前2～3天，重大宴席需要提前一周邀请客人，发送邀请给对方，写好时间、地点。当然，即使提前预约了，到了当天，也应发消息给来宾们再次确认提醒。

同事之间也可以来一个"择日不如撞日"的聚餐，如果想约对方挺久了，刚好一起加班，可以说："最近新开了一家新店，开业有优惠，我请你去吃吧！"看似临时邀约，也是"蓄谋已久"。

用 I 特质调动进餐

到了正式用餐的那天，我们需要调动自己的 I 特质，营造热情、友好的用餐氛围。对于进餐这个流程，分解为席前检查、点菜安排、聊天话题三大块。

席前检查

作为组织者，我们要提前1小时左右到达现场。到达后，先认真看一遍场地设施：进出口、停车场、洗手间（尤其要注意干净）。了解这些是方便给来宾做回复和指引。

然后看桌椅的距离是否合适，如果椅子的距离很近，起身后就会夹到手。观察主位的位置，方便做好位置引导。

再检查餐具，有些人是非常忌讳餐具上有豁口的，要保证餐具是完整、干净的。不然客人坐下的那瞬间，看到餐具就会不舒服。

检查完毕就可以热情地迎接来宾啦！

客人到达后，让服务员给每位客人准备好茶水。引座的时候，也有讲究，总的来讲，座次是“尚左尊东”“面朝大门为尊”。

点菜安排

等大多数客人到齐后，可以将菜单给众人传阅，询问大家：“大家是否有忌口的？或者有没有什么特别想吃的？”要让大家感觉到被照顾。

在点菜时，除了考虑大家刚刚提到的喜好，还需思量参与聚餐的人数，比如对应菜品数量，例菜要做到人人有份；老年人居多的时候，食材要健康、易咀嚼；如果男士居多，需要多点荤菜，女士居多，则多点几道蔬菜。

一边点菜，一边在脑海里预演：想象这些菜上桌后是怎样的情形（考虑食盘），做到有荤有素、品种丰盛、色相讨喜又体面，令人赏心悦目。

点菜时要做到多元性——食材的多样性、做法的多样性，点特色菜或者叫镇桌菜的时候，也要注意避开一些雷区，如内脏、臭豆腐、榴莲等。

如果用餐总人数为n，总菜数n+2为宜。如果把握不准分量，可以和服务员沟通，请对方推荐。如果遇到了一个超出你预期的点菜员，不妨留下对方的联系方式，让他成为我们的点菜顾问，保证不会出错。

点菜最后，再次征求大家意见，“我粗略地点了一些，也不知道符不符合大家的口味”，或是“大家要不要再来点其他的”？总之，点菜是熟能生巧的过程，需要不断练习。

聊天话题

在聊天过程中，我们要选择有话可聊的话题。如果遇到特别较真的话题，不要在意谁对谁错，应关注大家的关系有没有变好。如果自己不太会聊有趣的话题，可以安排高 I 特质的人做配合，一起来营造欢快、舒服的聊天氛围。

比较保险的话题是聊上来的菜。这里要注意一个细节，重要宴请要选择自己熟悉的、懂得配合的高品质服务员，这样会节省许多心力，有时甚至需要指定服务员。高品质服务员无须提醒，会自动补位，给饭局加分，比如上来特色菜，会介绍得有声有色：这是什么，有什么特色，有什么渊源，为什么点……让在场的来宾都感觉到被用心对待。如果遇到了不太会配合的服务员，就安排自己人去适当补位，注意不要多次提醒服务员，或是过度代劳原本服务员该做的事，这样会显得我们选择了一个服务不好的饭店，宾客会感到不受重视。

用 S 特质周道祝酒

选酒的时候，考虑宾客的喜好。通常要么选大牌的酒，要么选当地的小品种特色酒。

“饮好开头两杯酒。”良好的开端是成功的一半，开头两杯酒很重要。第一杯酒，通常是由我们的主人来说的，祝酒词应表明这场聚餐的目的。第二杯酒，通常是主宾的回酒。开头两杯酒之后，才是正式的敬酒阶段。敬酒阶段的一般顺序：主人敬主宾，陪客敬主宾，主宾回敬，陪客互敬。

敬酒需要注意的细节：敬酒一定要站起来，双手举杯；可以多人敬一人，绝不可一人敬多人，除非是领导。当一行人去敬主宾酒时，要尽可能在主宾的一个方位上，比方说都排在他的左手边。而不是从两边站着敬酒，这样主宾不知道面向哪边，因为总会背对着一边人，被包围的感觉也不舒服。自己敬别人，切不可比对方喝得少。端起酒杯，右手扼杯，左手垫杯底，记着自己的杯子永远低于别人。

很多人还会遇到这样一个问题："我不会喝酒，那我要不要敬酒呢？"这里教大家一个小技巧，即使不会喝酒，也要用和大家一样的酒杯，装上白开水或饮料。

在祝酒的过程当中，我们要注意的原则就是落落大方，量力而行，让大家开心尽兴。

用 C 特质细致收尾

最后一步是收尾。到了这里，我们要调动自己严谨细致的 C 特质。

多数人会把结账放在收尾环节，这里教给大家一个小技巧——把结账环节提前。可以是在点完菜之后，在现有账单的基础上加一部分钱，提醒服务员：留着加菜备用，如果没用到，后面再退；也可以在吃饭的中后期去结账。

聚餐接近尾声，组织者要根据在场人数，提前安排好车，最好是熟悉的代驾，做到心中有数。

离开包间前，组织者要检查现场的物品是不是都带走了。以防万一，可留下酒店经理的电话，如果有东西遗漏，可以第一时间联系酒店。

妥善安排好每个人的行程后，稍后发消息确认每个人安全到家。自己回到家的时候,可以做一遍梳理:在聚餐时,领导说了哪些,哪些是需要跟进的事项,一一记录下来,列下清单,发一封邮件给领导。这样靠谱的下属,谁不爱呢?

职场聚餐中,有流程,也有一些套路,但其实“走心才是唯一的技巧和套路”。我们说“人 + 流程 = 成功”,学会好的流程,更要在做人方面修炼自我,真诚是唯一的道路。

李沐秭

DISC＋讲师认证项目 A0毕业生
文化部注册高级形象管理师
英国C&G注册国际礼仪培训师
北京服装学院特聘高级服装搭配讲师

3. 色彩密码
——迅速获得人际关系的能量

色彩是生命的一部分。

人类很早就意识到了色彩的重要性。

古希腊时期，临床医生就发现了色彩的意义，比如红色的石膏能加速伤口的愈合，白色的百合能镇静安眠，他们还运用大量不同颜色的药草医治伤患，如紫罗兰、薰衣草、红玫瑰、藏红花等。

而西方被称为“医学之父”的希波克拉底主张在治疗时，要密切观察病人的皮肤、舌头以及眼睛的色彩变化。

随着社会的发展，人们把自然色彩更多地运用到身上。从最初古代部落的身体彩绘，到现在女性的服饰妆容，色彩的运用无处不在。

认识色彩

颜色分为两大类：一类是无彩色，一类是有彩色。我们肉眼能看到的所有颜色都是通过无彩色和有彩色混合调配出来的。

自然界中的每一种色彩都有色相、明度、纯度和冷暖之分。

色相，就是色彩所显现的质的面貌。

明度，是指色彩的光亮程度。明度高的色彩给人年轻、干净、清爽、活泼、朝气的感觉；明度中等的色彩给人大方、沉稳、包容的感觉；明度低的色彩则给人深沉、冷静、成熟、稳重的印象。

纯度，是指色彩的纯净程度，即色彩的鲜艳程度。

高纯度的色彩一定是色相清晰、鲜艳的，醒目且有视觉刺激，给人的心理感受也是个性、夸张、动感、奔放的；中高纯度的色彩给人的感觉是艳丽、色相清晰的，但是并无视觉刺激；中纯度的色彩色相清晰，但不艳丽；低纯度的色彩则色相模糊，不易识别，给人的感受是内敛、安静、低调、细腻、平和、雅致的。

不同纯度的色彩会带来不同的感受，如鲜红玫瑰给人饱满的、有风韵的、成熟的感觉，而淡粉色的玫瑰则给人浪漫、温柔、稚嫩的感觉。

冷暖是指我们在看到某种色彩时，潜意识里会产生联想，形成冷或暖的条件反射。比如看到蓝色和紫色，会联想到海洋、冰、雪，产生冷的感觉；看到红色和黄色，会联想到太阳、火，产生暖的感觉。

DISC 与色彩

所有的色彩都有着不同的波长，这些波长影响着我们，即使我们无法看到，甚至是无法意识到它们的存在。著名心理学家埃德加·凯西认为，人们对特定颜色的偏爱暗示了个人主要的气场颜色，代表着他们的精神构建。气场很大一部分是通过着装形象体现出来的。

我们每个人都可以通过学习而变得对气场更加敏感。既可以通过穿着的色彩和周围的环境来彰显自己的力量和个性，也可以更好地了解他人。

看到一个人，首先映入眼帘的一定是服装色彩，款式和图案不一定会看得仔细，但一定会对色彩有印象。尽管有时候我们只是随随便便地找了一件衣服，其实在潜意识层面，它依旧反映着当时自己的思想和情感。所以，如果和朋友聚会，不妨观察一下朋友的服装色彩。如果朋友穿着明亮色调的衣服，代表着对方今天心情应该很不错。

科学研究证明，进入眼球的各种色彩，通过下丘脑和脑垂体，可以直接影响情绪中枢。我们要做的就是通过学习，将色彩以积极的实践方式带入自己的生活中。

在 DISC 行为风格理论里，D 特质用红色表示，代表力量和控制；I 特质用黄色表示，代表鼓舞与热情；S 特质用绿色表示，代表和平与包容；C 特质用蓝色表示，代表冷静和沉着。色彩拥有能量，理解色彩，可以为我们的认知建立新的维度。

色彩与调适

学习 DISC 行为风格理论有三个前提假设：一，每个人身上都有 D、I、S、C 4 种特质，只是比例不一样而已；二，这 4 种特质没有好坏、对错之分，不是优点也不是缺点，只是特点；三，D、I、S、C 4 种特质是可以调整和改变的。

我们每个人都会有自己喜欢的颜色，这种颜色可以呈现出我们的行为风格。然而，每个人不是只拥有一种颜色，我们可以根据不同场合的需要选择着装的颜色，来帮助我们更好地调适自己，呈现不一样的气场和能量。

D 特质：红色

红色代表着：热情、力量、权威、兴奋、激情、能量、动力、刺激和意志。

红色的能量是最强的，给人以活力四射、充满创造性和积极性的感觉。

D 特质的人是领导者，而不是追随者，外向而且独断，倾向于有竞争性，表达出一种充满能量、富有激情的诉求。选择红色的 D 特质人士既有冲劲，又能保持前进的势头。

如果我们选择红色的着装，表示希望被人注意，希望调用 D 特质，用红色表达自己的热情、力量和权威。和其他颜色相比，在情绪低落的时候选择红色，能很好地克服消沉。

I 特质：黄色

黄色代表着：活力、高兴、愉快、稚嫩、动感、活泼、热心，享受成为焦点。

黄色是与阳光最相似的颜色，给人们希望、明朗、振奋、开朗、快乐的感觉。黄色这种色彩通常被热情的 I 特质人士选择，I 特质人士思想开明而又注意细节，能带来光明，给人以积极和乐观的印象。

选择黄色的 I 型人士通常善于言辞，可以很流利地表达，特别是在自己感兴趣的事情上。想要使别人的注意力都集中在自己身上的时候，建议采用黄色的着装。

S 特质：绿色

绿色代表着：放松、安静、宽容、合作、自由、和谐、和平。

绿色能够帮助人们营造出平静、舒缓和平衡的气氛。绿色尤其适合坚持中规中矩和不愿意在人群中过于突出的 S 特质人士。

S 特质人士在工作中总是认真负责，将家里收拾得整洁、井井有条；懂得欣赏自然的美丽，常常在公园海滩或是其他室外的地点漫步；无论是在生活还是工作中，都会让自己被花花草草包围；对质朴自然的材质情有独钟，喜欢用木材、泥土、岩石打造的器物。

C 特质：蓝色

蓝色代表着：辽阔、干净、清爽、理性化、职业化、冷静、知性、高贵。

蓝色可以带来平静和美妙，是很有质感的颜色。

选择这个颜色的 C 特质人士拥有高超的推导和逻辑能力、高超的辨识和决断力，能轻易地从逻辑层面上抓住事物的本质；同时在生活中喜欢寻求秩序，并且享受秩序所带来的安稳和保证；不断追寻与探索，能保持镇定、冷静、条理清晰；有很强的洞察力和很高的才能。

色彩是我们穿衣方式的基本特征，也是我们性格的自然流露。当色彩的颜色接近我们的特质时，我们会更自信。色彩表达了我们真实的一面，是真实自我的表达。

懂得 DISC 行为风格理论和色彩的力量，才能在人际交往中占据主动，更好地解决工作和生活中所遇到的问题。

李婕

DISC国际双证班第31期毕业生

减肥达人

4. 瘦身诀窍
——你要减的不是重量，而是念想

如今，减肥已成为一个全民热衷的话题。减肥俨然已经成为一种积极乐观向上的生活方式，然而，长期的工作压力和作息不规律，使减肥瘦身变得异常艰难。

减肥，怎么就那么困难呢?!

在2016年接触DISC理论后，我发现减肥其实不是减重量，而是要减念想。一旦找到了解锁的密钥，瘦下来就是十分轻松的事情：每个月花一周的时间就能减8斤，后面三周的任务是保持体重、不反弹。在减肥的同时，聚会、应酬不耽误，网红美食也都能一一尝试。

纯靠运动+节食，效果好吗？

“管住嘴，迈开腿”相信大家都耳熟能详。对于运动，普遍存在以下两个误区：

第一种：（以女生为主）运动多了，把肌肉练出来了，太丑了！我不练，我不练。

第二种：运动好，对身体好，那我使劲儿练，多多练，能少吃，就少吃。

对于第一个误区，我想说的是：肌肉不是想长就能长的。

有氧运动的心率一般应该为最大心率（220－年龄）的65%到85%。以22岁为例，最大心率应该为198次每分，有氧运动的心率应该在129次每分到168次每分。心率达到这个数值时，燃烧脂肪和糖原的效果较好，低于这个数值的话，消耗较小。

事实上，很多人心率超过120次每分就已是极限了，要停下来休息，平缓心跳。很多人有氧运动的心率刚上去、身体进入燃脂状态，就立马休息了。在相同的运动时间内，进行相同的运动项目，运动能力低的人消耗的热量远远低于运动能力高的人。

很多人运动一小时所消耗的卡路里也就在200大卡左右，600大卡就相当优秀了！而200大卡也仅相当于两三个鸡蛋的热量。而想要练出肌肉，所需要的运动量比这大多了。

所以，别担心肌肉问题，肌肉真不是想长就能长的。

对于第二个误区，我给的答案是：绝对不行。

2018年，因为工作压力和体重压力（97公斤），我的身体处于亚健康状态。我痛定思痛，为了寻求解决方法，我选择了停薪留职（相当于辞职），报了一个封闭式减肥训练营。每期 28 天，收费 21800 元，加上机票、买运动装备等等，花了近 3 万元。

但实际情况是：每天运动（含热身、拉伸）6 小时，配合每天不超过 800 克的饮食量。就这样，忍了 3 周。第三周的时候，我出现了明显的低血糖症状：头晕、眼花。如此大的运动量，如此少的摄入，第一周我仅减了 5.8 斤，28 天累计减了不到 15 斤。

看上去还不错的数据，但相比我所付出的金钱、吃的苦，这真是性价比很低的减肥方式。于是，第一期结束后，我就暂停这个计划，打道回府了。

其实减肥除了“管住嘴，迈开腿”，还要“三分练，七分吃”。

代餐可以吃吗？

在我看来，代餐最大的作用在于它所带来的仪式感：吃代餐是明显区别于正常饮食的，所以在每一次吃代餐的时候，潜意识都会告诉自己“我正在减肥”，这对减肥是有正向帮助的。

在选择代餐时，为自己选择接受度高、了解程度高的代餐很重要，这样在面对质疑的时候不会轻易放弃。

目前市面上代餐的种类很多，饼干、蛋白粉等，让人眼花缭乱。所以，代餐要怎么选呢？好的代餐营养高、热量低。选择时要看成分是否安全，营养元素配比是否科学，生产厂家是否正规。

此外，还应采用正确的方法吃代餐。代餐很方便，但大多数代餐的营养成分相对来说还是不够全面，并不能满足人体一天所需的各种营养，所以在吃代餐的时候，还需要补充营养。

代餐最大的作用是帮助我们快速适应清淡、低热量的减肥餐。适应后，加上对减肥知识及食物热量的了解，从代餐为主逐渐转变为日常饮食为主、代餐为辅，效果会更好。

DISC 减肥密码

人和人是不一样的，所以即使减肥的方法很多，也不见得人人都适合。在减肥的路上，不同行为风格的人，也有其优势和需要克服的地方。

D 型行为风格

他们在减肥时有一个优势：目标明确！

当他们真的意识到体重成为困扰的时候，会发挥目标明确、行动力强的特质。

例如，当他们决定通过运动减肥，来到健身馆，私教正要游说他们报课的时候，他们常常会说："不用跟我说这么多，你就告诉我，我交 1 万块钱每周来三次，一个月能减 10 斤吗?"当得到肯定的回复后，他们就会直接刷卡买单了。

然而，他们也有不成功的时候。所谓成也行动力，败也行动力，继续回到之前的例子。

当他们开始去健身房健身的时候，突然发现一切和想的不一样："教练，说好每次 1 小时，为什么前面还要提前 20 分钟来做一些热身运动，完了之后还要花半小时的时间做一些放松的动作? 那这样子，加上换衣服、洗澡的时间，我这一晚上得在这儿耗三四个小时，太费时间了！而且我都来运动了，怎么还让我控制饮食呢？我就是不想控制饮食才来运动的呀，如果要控制饮食的话，我还来这健啥身，我饿着就好了呀！”

因为过于强的行动力，前期并没有跟教练做深入的沟通，当实际操练起来的时候，才会发现有很多附加条件在里面。当减肥的速度低于他们的期望值时，他们通常会做的第一件事情不是反省自己有哪些地方没有做到位，而是对这件事情的合理性表示质疑，从而导致最终的放弃。

I 型行为风格

他们热情开朗，活泼外向，同时也很注重自己的形象，爱美大过一切。所以，面对减肥这件事，他们的积极性十分高。

因为爱美，他们还会是装备党，运动装必须是成套、同色系的搭配，一定要成为健身房里最美的风景。他们热爱交际，大多数情况下会很快在健身房内结交新的朋友。一群朋友一起运动也是他们持续健身的一大动力。

他们常常是健身 5 分钟，拍照 2 小时；如果没有结交到好友，或者没有人同行，他们就不想去；买代餐只是为了那个美好的幻想。

作为影响力的中心，他们特别爱聚会。减肥和聚会，他们表示两难全。

S 型行为风格

他们很有耐心，稳定性和持续性也很强，确定目标以后，认真听话照做是他们的风格，于是不声不响，就变瘦了。

其实，当没有外界阻力的时候，他们真的超棒！但如果有人对他们说：“减肥运动嘛，平时多走路就好了，专家都说了，每天 1 万步，去什么健身房，浪费钱！”“吃什么代餐啊！少吃点就瘦了，你就是爱花钱，管不住嘴！”在这种情况下，性情温和的他们，内心纵有一万个不愿意，也只能默默妥协了。如果这时还有人邀请去吃饭、聚会，他们通常也不会拒绝。

C 型行为风格

C 特质的人喜欢刨根问底、探究事情的真相，关注细节、追求完美。对于减肥这么大的事，他们是一定要去深入研究的。

例如，去健身房减肥，他们会先对比各家健身房的价格、课程内容、教练，甚至健身房到家和公司的距离远近、是否顺路、健身房里的设备，都会被他们纳入考量的范围。具体到运动项目，是有氧好还是无氧好，拉伸和放松要怎么做，运动前和运动后怎样饮食可以让效果更好等，他们也会一一比较，从而严重影响他们的行动力。

以上是 DISC 四种行为风格在减肥当中的优势和容易遇到的一些小障碍。如果真的很想减肥，那就：用 D 特质来制订目标，用 I 特质给自己加油打气，用 S 特质来持续行动，用 C 特质来不断精进、寻求最优解。

免费赠送线上语音课程

购书即可免费获得线上语音课程

本书内容根据DISC双证班社群在千聊平台所开设的系列课改编出版。为了让大家有更好的视听体验，购买此书的朋友，通过DISC双证班公众号领取优惠码，即可获得两门价值均为99元的语音课程。

女性必修课丨通往幸福的路上并不孤单

更新完结丨共90节课

¥99

DISC双证班社群

成长笔记丨DISC男神教你打造开挂职场和人生

更新完结丨共48节课

¥99

DISC双证班社群

扫一扫进入

DISC双证班公众号

回复关键字：成长

如果想了解更多关于李海峰老师的信息，
请扫一扫进入【李海峰DISC】公众号，
回复关键字：李海峰

如果想获得更多李海峰老师的演讲视频，
回复关键字：课件

关于领取优惠码和双证班的任何疑问，可以扫二维码加各区域馆长的微信进行咨询。

Yuki
华南馆长

小芳
华东馆长

Nancy
华北馆长